살아남는 비법을 알려주는

임사부 창업 노트

살아남는 비법을 알려주는

임사부 창업 노트

초판 1쇄 인쇄 2023년 6월 15일
초판 1쇄 발행 2023년 6월 23일

지은이 임승현

발행인 백유미 조영석

발행처 (주)라온아시아
주소 서울특별시 서초구 효령로 34길 4, 프린스효령빌딩 5F

등록 2016년 7월 5일 제 2016-000141호
전화 070-7600-8230 **팩스** 070-4754-2473

값 17,000원
ISBN 979-11-6958-069-4 (13320)

※ 라온북은 (주)라온아시아의 퍼스널 브랜드입니다.

100배 매출 초(超)돌파!

살아남는 비법을 알려주는
임사부 창업 노트

임승현 지음

500만 원으로 창업해서 1년 만에 100배 매출 달성!

24살부터 창업한 25년 차 창업 전문가 임사부가 알려주는
살아남는 창업 레시피 컨설팅!!

RAON BOOK

추 천 사

실전 경험을 녹여낸 창업 멘토의 생생한 조언

저자와는 각별한 인연입니다

10여년 전, 친환경 시장이 활발하지 않을 때부터 누구보다 먼저 친환경 상품의 가능성과 중요성을 알고 시장 저변화를 위해 애쓰던 모습이 눈에 선합니다. 오뚜기처럼 쓰러지면 또 일어나 혁신과 변화를 주도하며 창의적인 유통 플랫폼을 만들어가고 있는 영원한 벤처창업가로 불릴 저자의 경험과 철학이 녹아있는 이 책이 많은 독자들에게 큰 울림이 될거라 확신합니다.

(주)에코매스 대표
한승길

저자와는 얼굴 본 적 없는 15년 인연이 이어지고 있다. 하지만 목소리에서 패기와 신념이 느껴졌다. 빠르게 변화하는 IT시대의 흐름에 맞춰 소셜네트워크의 중요성을 강조했고, 인간적인 신뢰가 함께 어우러진 아이콘임을 느낄 수 있었다.

저자는 자기 색깔이 분명한 자기만의 스팩을 쌓아가고 있고, 동시대를 살아가는 후배들에게, 또는 색깔없이 스펙만 쌓아가는 이들에게 자기만의 스토리 스펙 쌓기를 이야기한다. 이 책을 통해 나만의 스토리 스펙을 쌓아보자.

주) 어깨동무 대표
이동기

창업이라는 불확실한 가능성에 도전하는 모든 MZ 세대들에게 새로운 떨림을 선사하고, 거친 삶의 색을 발견하는 기회가 될 것이다 . 교육의 패러다임을 변화시키는 시대적 사명감을 공유하고, 정답보다는 해답을 찾아가는 명쾌한 길라잡이가 되어주길 바란다. 임승현 저자의 삶을 고스란히 내 것으로 가져온 느낌이며, 나 또한 살아있음에 감사하고 심장을 떨리게 만드는 일을 위해 행복한 고민을 시작하겠다.

삼육보건대학교 의료정보과 학과장 교수
/ 대한응급드론협회 회장
김경목

프롤로그

우리는 많은 경험과 빠른 실행을 해야 합니다.

내가 대학을 졸업하고 남들처럼 첫 사회생활을 취업이 아닌 창업이라는 길에 뛰어들었을 때, 주변 누구하나 응원을 해준 사람은 없었다. 그만큼 힘들고 누구나 성공하기 어렵기 때문에 만류했던 것이다. 그 당시만 해도 회사를 다니는 것이 가장 안정적이고 좋은 선택이라고 누구나 생각했을 것이다.

요즘은 어떠한가? 아마 창업한다고 하면 역시나 걱정을 많이 할 것이다. 하지만 요즘은 창업을 하기 너무 좋은 시기이다. 창업을 교육하는 수많은 공공기관부터 많은 회사들이 창업프로그램을 운영하고 있다. 요즘 젊은 사람들은 그만큼 창업에 대한 두려움과 걱정이 별로 없는 것 같다. 난 이런 자신감 있는 모습이 너무 좋다.

창업을 한다고 하면 교육기관 등에서 많은 것을 배우고 익혀야 한다고 생각을 한다. 영업, 마케팅, 회계, 고객관리, 재고관리 등 많은 것을 충분히 배워야 창업을 잘할 거라고 생각하는데, 전혀 그렇지 않다. 창업을 실행하면서 모든 것들은 경험을 통해서 배울 수 있기에 전혀 걱정할 필요가 없다.

다만 창업의 성공과 실패에 앞서, 어디서나 배울 수 있는 똑같은 교육을 받고 그대로 실행에 옮기는 사람이 되지는 않았으면 한다. 창업에 실패하지 않으려면 남들이 하는 방법으로 해서는 안 된다. 똑같은 방법으로 경쟁하는 것은 미련한 짓이다. 수많은 창업가들을 만나서 얘기하다 보면, 항상 실패한 사람들의 특징은 외골수적인 면이 많다는 점이다. 한가지 방법만 고집해서 하려 한다.

창업은 이론이 아닌, 감각과 다양한 영감을 통해서 실행을 해야만 성공할 수 있다. 나는 창업가들에게 다양한 경험을 하라고 한다. 작은 경험들이 쌓일수록 힘이 생길 수 있기 때문이다. 내가 이 책을 쓴 이유도 틀에 박혀있는 방법이 아닌, 다른 길로도 충분히 잘할 수 있다는 것을 보여주고 싶었기 때문이다. 그리고 창업은 힘든 길이 아니고 많은 것을 배울 수 있는 최고의 선택지이기에 적극적으로 권해 주고 싶다.

창업에 실패한 경험이 있더라도 그것은 실패가 아니라 최고의 경험을 돈을 주고 산 것이다. 창업은 훌륭한 경험을 계속 사는 것이다. 그렇기에 계속하면 된다.

나는 이 책을 통해서 1인 창업가에게 조금이나마 영감을 주고 작은 성공을 맛보게 해주고 싶다.

임승현

임사부 창업 노트

차 례

2장

New Way, 나는 이런 사장의 길을 걸어왔다

3장

창업 초기, 승부수를 띄운 6가지 전략

4장

한 번 고객을 영원한 내 고객으로 만드는 고객 관리 노하우

5장

사업에서 실패하지 않는 마케팅

6장

성공하는 비즈니스에 필요한 경영 제안

1장

내가 사업에 미친(及) 이유

사업의 출발, 조언 그리고 즐거움

대리운전을 하면서 사업을 디자인했다

나는 우연히 29살 나이에 대리 운전을 하게 됐다. 그런데 그렇게 시작한 대리운전이 내 인생에서 전환점을 가져왔다. 대리운전을 하면서 사업에 대한 열정과 꿈이 생겼던 것이다.

당시 많은 고객을 만났는데, 나는 나이가 어렸기 때문에 좋은 차를 타고 다니는 분들을 보면 도대체 무슨 일을 하길래 이렇게 좋은 차를 탈까 항상 궁금했다. 대리운전을 하고 있는 나에게는 너무 멋있고 부러운 대상이었다.

고객들이 어떤 일을 하고 있는지도 궁금했고, 어떻게 성공했는지도 궁금했다. 그래서 그들과 가까워지려고 노력했다. 고객 가운데는 사업을 하는 분들이 많았다. 나는 이분들에게 항상 명함을 달라고 했고, 운전하는 동안 사업에 대해 궁금한 것을 계속 물어봤다. 수많은 업종의 사장님들에게 이런저런 얘기를 듣는 것 자체가 너무나 재미있었다. 사장님들은 사업을 하면서 하지 말아야 될 것과 반드시 해야 할 것, 무엇이 중요한지 등을 솔직하게 조언해주었다. 이들과 대화를 하면 할수록 점점 나도 사업을 하고 싶다는 생각이 불타오르기 시작했다.

대리운전 대학을 졸업하다

당시 나를 만났던 분들이라면 모두, 나처럼 질문이 많은 대리기사는 처음이라고 생각했을 것이다. 이렇듯 대리운전은 나에게 있어서 사업을 위한 많은 정보를 듣고 배울 수 있는 대학인 셈이었다. 앞으로 나도 사업을 하고 싶다고 사장님들께 얘기하면 항상 칭찬과 격려를 해주셨고, 지금과 같이 고객을 대하는 마음으로 한다면 성공한다는 얘기를 해주셨다. 그리고 사업에 있어서 가장 중요한 것은 진실된 마음이라는 얘기를 많이들 해주셨다.

솔직히 그 당시는 '진실된 마음' 얘기가 피부로 와닿지는 않았다. 지금 사업하고 있는 나는 이 말의 의미를 이제는 이해할 수 있다. 이 당시 많은 사업가에게 들었던 감동적인 말들은 아직도 생생하게 기억에 남고, 내가 사업을 자신 있게 할 수 있었던 밑거름이 되었다. 내가 사업을 할 수 있게 도와준 최고의 조언자들이다. 내가 사업에 대한 목표와 확신을 가질 수 있었던 것도 모두 다 이분들이 들려준 진심 어린 충고 덕분이다.

사업은 투자를 받는 것보다 빠른 실행력이 더 중요하다

많은 사람들은 사업을 한다고 하면 대단하게 생각한다. 대단하게 생각하는 사람들은 대부분 직장을 다니고 있거나 조그마한 장사를 하는 분들이 많다. 이분들은 본인이 가고자 하는 길을 먼저 가고 있기 때문에 부러워하는 것 같다. 하지만 사업을 하고 있는 사람들은 그것이 얼마나 힘든 길인지 알고 있다. 사업가의 와이프는 항상 돈을 빌리러 다닌다는 말도 있다. 이런 속사정을 알지 못하고 자유롭게 생활하는 모습을 보면서 부러워하는 것 같다. 또한 출퇴근 시간, 근무 시간에서 비교적 자유로우리라 생각하고 사업에 뛰어드는 사람도 생각보다 많을 것이다.

사업을 하겠다고 마음 먹은 사람들은 크게 두 가지 유형으로 나뉜다. 하나는 투자를 받기 위해서 철저하게 기획을 하고, 투자받은 돈으로 사업을 하려고 하는 사람이고, 또 하나는 내가 가진 작은 돈이라도 현실에 맞게 바로 시작하는 사람이다. 그동안 나도 이런 두 가지 유형의 사람들을 많이 봐왔다.

투자를 받거나 정부 지원 자금, 또는 외부 자금을 통해서 사업을 하려고 하는 사람들은 너무 완벽한 준비와 기획으로 시간적 에너지를 낭비하고 있는 경우가 많다. 완벽한 기획서를 작성하고 투자 계획을 짜는 것도 좋지만, 지금은 시대가 빠르게 움직이고 변화하고 있다. 나는 이렇게 빠르게 변화하는 시기에는 시대의 흐름에 맞게 적극적인 실행을 권장하고 싶다. 너무 많은 준비를 통해서 타이밍을 놓쳐버리는 실수를 하지 않았으면 한다. 비록 준비가 덜 되었어도 일단 실행을 통해서 배우고 경험하는 것이 더 중요하다고 생각한다. 사업 계획서를 짜서 투자를 받기 위해 시간을 보내는 것을 나는 어리석다고 보기 때문이다. 차라리 그 시간에 현실과 부딪쳐서 배우는 것이 훨씬 많다고 생각한다.

유튜브 채널에는 작은 장사부터 시작해서 프랜차이즈로 큰 기업을 이루고 회사를 몇백 억에 매각하는 분들의 사연이 많이 나온다. 이들의 공통점은 모두 현실에 빠르게 뛰어들어서 몸으로 체험했다는 사실이다. 멋진 기획과 사업계획서를 가지고 시작한 것이 아니라 직접 현장에 뛰어들면서 장사를 통해 얻어낸 노하우로 성공한 이들이 많다. 너무 완벽한 기획과 아이디어 개발, 투자를 생각하는 사람들은 때론 현실감각을 잃어버리고 기획만 하는 노예가 되어버릴 수 있다. 나는 현실에 직접 부딪치고 고객을 만나서 경험하는 빠른 실행력이 훨씬 더 중요하다고 생각한다.

해외여행만 30회

앞에서도 말했듯 많은 사람들이 사업가를 보면 가장 부러워하는 것이 시간적 자유일 것이다. 나는 이 말에 적극 동의한다. 나는 사업을 하는 6년 동안 두 살 터울로 세 딸을 얻었다. 아이 셋을 육아하는 것은 보통 힘든 일이 아니다. 내가 만약 일반적인 직장인이었다면 와이프는 정말 힘들었을 것이다. 지금 생각해봐도 사업을 통해 얻은 것 가운데 시간적 자유로움이 가장 큰 행복이라 생각한다. 물론 그 이면에는 그만큼 책임이 따른다. 하지만 직장인이나 사업가나 그에 맞는 책임과 의무는 동일하다고 생각한다.

사업하는 동안 해외 여행을 30번 정도 다녔다. 이처럼 일과 가족을 함께 케어할 수 있다는 것이 사업의 가장 큰 장점이 아닐까? 추억은 절대로 돈으로 살 수 없기에 아이들이 자라나는 중요한 시기에 함께할 수 있는 시간의 자유를 얻는 것이 나는 가장 뜻깊었다. 누군가는 사업을 하다 보면 가족을 돌볼 일이 없다고 하지만, 난 전혀 그렇게 생활하지 않는다.

밤낮없이 미친 듯이 사업을 하면 매출이 지금보다는 더 상승할 수 있을지 몰라도 가족과 함께하는 시간은 빼앗기게 된다. 가족이 없다면 큰 매출도 나에게는 그다지 의미가 없다. 누군가가 나에게 사업해서 가장 좋은 점이 뭐냐고 물어보면 가족과 함께할 수 있는 시간을 얻은 것이라고 자신있게 얘기하고 싶다.

그래서 내 사업에서 내가 얻은 가장 큰 이익은 시간과 가족이다. 내 생각에 동의하는 사람이라면, 그에게 사업이란 인생에서 적극적으로 도전해볼 만한 가치가 있는 분야일 것이다.

대개 젊은 나이에는 직장인으로 열심히 살고, 은퇴 후에 50대가 다 되어서 새로운 창업에 도전하는 경우가 많을 것이다. 하지만 창업을 하겠다고 결심했다면 되도록 젊었을 때 빨리 시작했으면 좋겠다. 너무 많은 것을 알고 도전하는 것이 오히려 방해가 될 수 있다.

부러워하지 말고 그냥 해

내 주변에는 내가 사업하는 것을 보고 부럽다는 이야기를 하는 이들이 많다. 이런 분들은 사업을 하고 싶은 마음은 있지만 지금 현실을 포기하지 못하고 도전하는 것을 많이 두려워하는 사람들이다. 하지만 마음속으로 언젠가는 나도 사업을 할 거라고 다짐하며, 생각하고, 계획을 세우나, 실행은 미루고 있다.

사업하는 사람 가운데 초기부터 사업을 위한 최적의 조건을 만들어 놓고 하는 경우는 거의 없다. 내가 생각하는 아이디어와 시장성을 보고 바로 도전을 시작하는 이들이 더 많을 것이다. 많은 것을 검토하고 따지면서 시작했던 사람들은 일이 조금만 틀어지면 해결하는 데 아주 어려움을 겪는 경우를 많이 보았다. 자기가 생각했던 계획에서 벗어나기 때문에 많이 당황해서 작은 문제에도 크게 어려움을 느끼는 것이다.

누구나 다 사업을 할 수는 없다. 그리고 누구나 다 사업으로 잘될 수도 없다. 하지만 그렇다고 안 할 이유도 전혀 없다. 왜냐하면 사업을 통해서 얻을 수 있는 장점이 훨씬 많기 때문이다.

사업에 관심이 조금이라도 있는 사람이라면 나는 그에게 말하고 싶다. 사업하는 사람 부러워하지 말고 "그냥 하시라"라고….

내가 창업가의 인큐베이터가 된 이유

내가 가장 많이 받은 질문

나는 창업을 하고서 3년 동안 정말 바쁘게 승승장구하면서 사업을 확장해 나갔다. 주변에서는 내가 사업을 너무 쉽게 하는 것처럼 보인다고 했다. 왜 이런 생각을 하는 사람들이 많았는지 궁금했다. 사업 초기에 입사했던 직원들도 나에게 사업에 관한 질문을 많이 했다.

예를 들어 "사장님은 어떻게 이 사업을 하시게 된 거예요? 사장님은 어떻게 위생 아이템을 하게 되신 거예요? 사장님은 많은 거래처를 어떻게 확보하신 거예요?" 등등의 질문들을 많이 받았다. 그 당시 우리 직원들은 2년, 3년밖에 안 된 회사가 너무 잘되는 것처럼 보였기에 많이 궁금해했던 것 같다.

나는 20~30대 초반에 엄청나게 많은 경험을 통해서 배운 것을 기반으로 회사를 창업했다. 그래서 창업의 과정을 묻는 직원들에게, 남들이 거들떠보지 않고 관심 없는 분야를 내 것으로 만들어서 독점하는 전략을 구상했기 때문에 이렇게 빠르게 성장할 수 있었다는 이야기를 들려주곤 했다. 지금 생각해봐도 창업자금 500만 원을 가지고 보증금 300만 원의 사무실에서 시작해서 2년이 되기 전에 10억 원의 매출을 올린 게 다들 많이 의아했던 것 같다.

제조, 유통, 온라인 시스템과 컨설팅의 다중 사업

직원들의 궁금증과는 별도로 우리 회사와 관계를 맺고자 하는 수많은 파트너들과 이야기를 하다 보면 사업 방식이 다른 회사와는 많이 다르다는 얘기를 많이 듣곤 한다.

현재 나는 제조를 하면서 유통도 하고, 온라인 시스템 사업을 하면서 컨설팅도 하는 다양한 사업 방식을 펼치고 있다. 그렇다 보니 우리 회사의 사업에 관심을 보이는 분들도 적지 않게 많다. 다양한 분야의 사장님들과 얘기를 하다 보니 나 또한 우리 회사와 제휴를 하고자 하는 사장님들의 업종을 이해하고 배우게 된다. 그리고 우리가 하고 있는 사업 방향을 연결하고 기획하는 일을 하면서 나의 사업적 능력도 발전시켜나가는 중이다.

다양한 업종을 경험하는 것은 다양한 기획을 해나가는 데 많은 도움이 된다. 내가 제조부터 유통, 온라인 시스템과 컨설팅까지 업무 영역을 확장할 수 있었던 것도 이처럼 다종다양한 경험이 밑거름이 되었기 때문에 가능했으리라 생각한다.

뒤통수치면서 따라 한들 노하우는 따라 할 수 없다

사업을 시작한 지 5년쯤 되었을 때 나와 함께 일했던 직원들이 퇴사를 하고 우리 회사와 똑같은 방법으로 창업을 한 것을 알게 되었다. 그것도 한 명이 아니라 여러 명의 케이스가 발생했다. 그들은 우리 회사에서 관리했던 고객 정보, 거래처 정보, 기타 여러 영업적 자료를 기반으로 똑같이 사이트를 오픈하고, 우리가 거래했던 거래처에 동일한 방식으로 거래를 진행했다.

이 일을 알게 된 것은 우리와 거래하는 곳에서 나에게 알려왔기 때문이다. 우리 회사 직원으로 보이는데 새롭게 사업자를 내고는 찾아와 동일한 방법으로 거래를 해달라는 요청이 왔다는 것이다. 그분들은 사실관계를 알고는 이런 거래는 상도의에 어긋나는 행동이라며 나에게 연락을 해주셨다.

처음 이 얘기를 들었을 때는 그 직원들이 너무나 원망스럽고 괘씸했다. 어떠한 말 한마디 없이 우리 회사가 가지고 있는 영업적 노하우를 활용해서 몰래 창업하는 것을 보고 마음이 너무 불편했다. 하지만 결과적으로는 이렇게 나가서 창업했던 직원들 중에 제대로 성장한 사람을 단 한 명도 보지 못했다. 우리 회사에서 1~2년을 근무하면서 업무적으로 모든 것을 파악했다고 해서 내가 가지고 있는 사업적 마인드와 노하우, 경험까지 알아내는 것은 절대 불가능하기 때문이다.

단순하게 거래처의 정보나 제품을 안다는 것만으로는 사업의 핵심을 결코 파악할 수 없다. 그렇다 보니 정확한 핵심을 모르고 겉만 아는 상태에서 창업을 했기 때문에 절대 잘 될 수가 없다. 처음에는 남들보다 빠르게 진행되는 것처럼 보이지만, 어느 시점이 되면 분명히 한계가 온다. 그리고 그 한계점에 도달하면 그때는 스스로 가지고 있는 역량을 발휘해서 한계를 돌파해야 하지만, 대부분 포기하고 만다.

이렇게 창업하는 분들이 가장 안타깝다. 사업은 나 혼자서 모든 것을 이룩하는 것이 아니라 주변의 도움과 상생으로 만든다는 것을 아직 잘 모르기 때문일 것이다.

창업 조언자가 되어가다

나는 직원들이 퇴사한 후 홀로 창업을 하면서 실패하는 사례를 지켜보면서 한 가지 결심을 하게 되었다. 바로 창업에 관심이 있는 사람들에게 창업 노하우 및 방향성을 잡아줘야겠다는 생각을 한 것이다.

나에게는 우리 회사를 창업하기 수년 전부터 배우고 습득해 왔던 다종다양한 경험과 창업의 노하우들이 쌓여 있기에 많은 일들을 쉽게 풀어갈 수 있었지만, 다른 누군가는 작은 것조차도 배워야 하는 '완전 초보'일 수가 있다.

그때부터 나는 창업이나 사업을 배우고자 하는 사람들에게 관련 일들을 본격적으로 가르쳐주기 시작했다. 나는 무엇보다 거창한 비전이나 색다른 아이템, 아이디어보다는 창업 현장에서 발생하는 실무에 집중했다. 고객과 대화하는 방법, 고객에게 회사를 어필하는 방법, 견적을 제안하는 방법 등, 모든 것을 전화나 일일 업무일지로 매일 체크하면서 답변을 주고 가르쳐주는 일을 했다.

차근차근히 나에게 배워서 일을 시작했던 분들은 10년이 지난 지금까지도 나와 거래 관계를 유지하면서 사업을 꾸준하게 유지하고 다양한 경험들을 만들고 있다. 처음에는 한 명 한 명 개인 강의를 하면서 하나하나 가르쳐주는 일이 무척 힘들었지만, 지금 돌이켜보면 가장 의미 있고 뜻깊었다는 생각이 든다. 내가 모든 것을 시간당 돈으로 계산했다면 절대 할 수 없었을 것이다. 열정이 있었고, 또 도와주고 싶은 마음이 있었기에 가능했던 것 같다.

최근에도 10년 이상 나와 함께 일했던 직원이 퇴사를 하고 우리 회사의 대리점 형식으로 창업하는 것을 도와줬다. 그 직원은 나보다 제품, 거래처를 오히려 더 많이 알고 있었다. 그렇기 때문에 퇴사하고 창업을 했을 때는 분명히 자신감이 있었을 것이다. 하지만 10년 이상을 배웠던 직원도 결국 창업 1년 만에 포기하게 되었다.

사회적으로 시장 상황이 좋지 않고 모든 소비 활동의 위축 등으로 인한 요인이 크게 작용했겠지만, 창업은, 그것도 인생에서 처음 하는 창업은 그만큼 쉽지가 않다는 것이다.

창업 인큐베이터를 꿈꾸며

그런 의미에서, 나는 나에게 창업과 관련해서 질문해 오고 물어보는 사람들이 매우 반갑다. 그리고 그들에게 조언자가 될 수 있고, 그들의 창업 인큐베이터가 될 수 있어서 매우 기쁘다. 나도 돈 없이 창업한 경험자로서 창업하는 사람들의 마음을 충분히 이해하고 그분들이 무엇을 필요로 하는지 알기에 창업 인큐베이터로서 계속 가르칠 생각이다.

앞에서도 강조했듯이, 창업자는 좋은 아이디어를 만들고 독점 상품을 확보하는 것도 중요하지만, 사업하면서 발생하는 고객상담 전략, 고객감동 서비스, 거래처와 좋은 관계 맺기, 비전 제시 방법 등의 디테일한 요소가 훨씬 더 중요하다. 그렇기에 창업자들에게 내가 경험한 디테일한 사업적 노하우를 공유하고 성장하는 데 도움이 되는 인큐베이터 역할을 하고 싶다. 처음 창업을 시작해서 10년 동안 사업을 유지해 나가는 힘을 만들어주는 것, 그것이 내가 예비 창업자들에게 해주고 싶은 가장 큰 몫이다.

내가 생각하는 창업 인큐베이터 역할은 잘못된 사례를 정확히 이야기해줄 수 있다는 점, 현장에서 쌓은 내 경험을 있는 그대로 들려주어 그들에게 사업의 밑거름이 될 수 있도록 돕는 점이다. 내가 만약 잘된 방법으로만 창업자를 인큐베이팅한다면 그것은 분명 창업자를 위한 올바른 컨설팅이 될 수 없을 것이다.

지금까지 나는 100명이 넘는 사람들과 창업에 관련 얘기를 하고 조언을 해주었지만, 나 또한 그들로부터 많은 것을 배울 수 있었다. 누군가를 인큐베이팅하면서 나 역시 성장하는 기쁨이 나를 무엇보다 즐겁게 한다. 이 모든 역할과 일이 너무 감사하다.

내 사업의 최종 목표는 컨설팅 전문가

내가 사업을 하게 된 계기

나는 사업을 준비하는 사람이거나 시작한 지 얼마 안 된 사람들에게 간혹 사업에 대한 질문을 받는다. 그중 가장 많이 받는 질문은 "사장님은 사업을 어떻게 하게 되었습니까?"라는 것이다. 내 답변은 한결같다.

"내 인생의 꿈이자 목표가 사업가였습니다."

나처럼 사업을 인생의 꿈이나 목표로 생각하고 시작하는 사람은 많지 않을 것이다. 어렸을 때에는 많은 꿈을 얘기하지만 사회생활을 하고 20대를 거쳐 30대, 40대가 된 나이에는 인생의 꿈을 위해서 일을 하는 경우보다 현실에 맞춰서 직업을 선택하는 경우가 많기 때문이다.

그러나 나는 20대에 사회생활을 하면서부터 목표와 꿈이 사업이었다. 다단계 사업, 자동차 딜러, 기기판매, 프랜차이즈 기업 근무, 편의점 본부 창업, 대리 운전, DVD영화관 창업 등 수많은 일들을 경험할 때마다 사업을 하기 위해 배우는 단계라고 생각하면서 일했다.

남들은 대학을 졸업하고 취업을 해서 직장을 다니는 안정적인 삶을 선택했지만, 나는 30대에 사업을 해서 빠르게 성공하는 꿈을 항상 꿨던 것 같다. 사업을 한다는 것이 얼마나 어렵고 고된 일인지 경험해보지 않은 사람은 알 수 없다. 그러나 나는 20대에 돈도 못 벌면서 많은 일을 경험할 때도 이 일들이 나에게는 엄청난 사업 자산으로 쌓이고 있음을 자랑스럽게 생각했다. 물론 현실에서는 부모님, 친구들, 주변 사람들이 걱정 어린 시선으로 나를 바라보았다. 남들처럼 편안하게 직장생활을 할 것이지, 왜 남들이 가지 않는 힘든 길을 가려고 하는지 도무지 이해하지 못했다.

주변에서 이런 얘기를 할 때마다 점점 더 오기가 생기고 사업에 대한 열망이 더욱 불타올랐다. 그리고 내가 사업을 통해서 성공하는 모습을 꼭 보여줘야겠다는 강한 믿음도 생기게 되었다. 20대 나의 모습은 사업에 대한 열망과 꿈을 불타오르게 만들었고, 30대 초반에 사업을 할 수 있는 밑거름이 되었던 것이다. 나는 지금도 20대로 다시 돌아간다면 똑같이 다양한 경험을 하고 많은 일들을 체험할 것이다.

사업을 꾸준하게 잘하는 사람들을 보면 사업 전에 다양한 사회 경험을 한 경우 빠르게 해당 분야에 자리를 잡는 것 같다. 회사 생활도 신입으로 처음 입사를 하고 자리를 잡아 나가는 데는 시간이 필요하다. 그 시간 동안 많은 경험을 통해서 한 단계 성장하게 된다. 사업도 아무런 경험 없이 시작한다면 성장하는 시간이 필요할 것이다. 그래서 나의 20대는 사업을 위한 준비 과정이었던 것이다.

사업을 하면서 찾은 꿈

사업을 하는 사업가들은 저마다 목표와 꿈을 가지고 있다. 나도 사업을 하면서 매년 성장하는 목표와 매출에 대한 얘기를 늘 하곤 한다. 그러나 그 목표는 어디까지나 내가 운영하는 회사의 목표이다.

그럼 내 개인적인 목표와 꿈은 무엇일까? 나는 사업을 하면서 또 다른 제2의 꿈을 찾았다. 내가 찾은 꿈은 최고의 컨설팅 전문가가 되는 것이다. 최고의 컨설팅 전문가로서 많은 사람들을 대상으로 강연을 하고 코칭을 하면서 영감을 주는 사람이 되고 싶다. 내가 지금 하고 있는 사업이나 창업 인큐베이팅 역시 이런 꿈을 이루기 위해서 거치는 최고의 준비 과정이다.

내 꿈을 이루기 위해서 나는 현재 하고 있는 사업이 잘될 때나 안 될 때나 마음이 절대 흔들리진 않는다. 사업의 성공과 실패는 내 꿈을 위한 멋진 과정일 뿐이기 때문이다. 나는 이론을 바탕으로 컨설팅을 하는 사람이 되고 싶진 않다. 사람들에게 영감을 줄 수 있는 사람은 이론이 아니라 직접 경험에서 얻은 스토리텔링에 기반해야 한다고 믿기 때문이다. 이렇다 보니 나는 사업을 대하는 태도가 남들과는 조금 다르다. 남들은 사업에 올인하여 성공을 이뤄내려고 하지만, 나는 내 꿈을 위한 하나의 과정으로서 사업을 멋지게 활용하고자 한다. 그리고 사업을 통해서 얻은 노하우와 경험을 누군가를 위해서 아낌없이 제공하고 싶다. 이 두 가지 기준은 모두 컨설팅 전문가로서 나의 훌륭한 무기가 될 것이다.

창업 준비 단계, 직원 관리, 마케팅, 회계, 거래처 관리, 위기 관리 등 돈 주고 배울 수 없는 것들을 사업을 하면서 직접 경험하고 터득할 수 있는 것은 축복이다. 제2의 인생과 꿈을 준비하는 나로서는 30대, 40대를 지나면서 사업을 통해 경험하고 이를 바탕으로 나만의 스토리를 엮어가는 과정이 매우 소중하다. 그래서 나는 지금 하고 있는 사업을 너무나 좋아한다.

사업은 한 치 앞을 알 수 없을 정도로 스펙터클한 요소가 많다. 내가 만약 일반적인 샐러리맨으로 살았다면 제2의 꿈을 꿀 수 있었을까? 아마 힘들었을 것이다.

사업의 성장, 실패, 성공 과정을 경험하고 즐긴다

요즘에는 사업을 하는 것이 점점 더 흥미롭고 즐거워지고 있다. 나의 꿈인 컨설팅 전문가를 위해선 앞으로 남은 몇 년 동안 더 많은 것에 도전해보고 느껴보고 싶다. 똑같은 사업적 방향보다는 새로운 것에 도전하고, 그 과정에서 성공도 하고 실패도 하고 싶다.

사실 사업을 어느 정도 하게 되면서 안전 궤도에 올라오면 큰 변화 없이 꾸준하게 유지하게 된다. 이런 안정적인 루틴은 사업을 하는 사람 입장에서는 좋을 수 있지만, 나에게는 뭔가 많이 부족하다. 이런 안정적인 사업적 루틴은 영감을 줄 수 있는 요소가 되지 않기 때문이다. 그렇기에 나는 새로운 것에 도전하면서 성공했던 과정, 실패했던 이유, 위기를 극복하는 과정 등을 더 많이 경험하고 싶다. 도전을 하고 실행을 해봐야 과정 속에서 답을 찾을 수가 있다.

20대처럼 젊었을 때의 도전과 40대의 나이에서 하는 도전은 많이 다르다. 가정을 이루고 안정적인 상황에서 도전한다는 것은 큰 위험 부담을 지니는 일이다. 하지만 나의 꿈인 컨설팅 전문가를 위해선 충분히 도전해보고 경험을 해야 된다고 생각한다. 사업을 하면서 아무리 힘들어도 내 꿈을 위한 최고의 스토리텔링을 만들어주는 상황에 항상 감사함을 느낀다. 내가 경험한 모든 것은 나의 것이 아닌, 나의 경험을 필요로 하는 누군가에게 선물이 될 거라고 나는 확신한다.

요즘 나는 사업을 하면서 내가 사업을 바라보는 방식이 많이 바뀐 것을 느낀다. 사업 초기에는 매출과 성장에 집중했다면, 지금은 사업을 하면서 일어나는 모든 것을 즐기고 배우려고 하는 편이다. 지금 이순간에도 책을 집필하는 모든 과정이 배움이고, 누군가에게 영감을 줄 수 있는 하나의 과정이라고 생각한다. 그래서 책을 쓰는 이 순간이 힘들기도 하지만 즐기려고 노력한다. 나의 책쓰기는 나의 꿈을 위한 멋진 스토리텔링이자 또한 내 사업을 위한 밑거름이라고 생각하니 즐겁기만 하다.

최고의 컨설팅 전문가가 되는 꿈

나는 꿈을 꾸는 나를 매우 사랑한다. 멋진 컨설팅 전문가로서 강연하는 나의 모습을 항상 머릿속에 그려보고 있다. 대본 하나 없이도 언제 어디서나, 누군가를 위해 자신 있게 얘기하고 영감을 줄 수 있는 컨설팅 전문가가 되고 싶다. 나는 남이 경험하고 배운 것을 있는 그대로만 전달해주는 사람이 되고 싶진 않다. 비록 힘들 수는 있지만 내가 경험하고 배운 것을 전달하기 위해서 지금도 도전할 것이다. 사업은 내 꿈을 만들어주는 최고의 직업이니까. 그래서 나는 사업이 오늘도, 내일도 마냥 좋다.

2장

New Way, 나는 이런 사장의 길을 걸어왔다

남들 눈엔 다단계, 내 눈엔 새로운 시장을 이해하는 도구로 보였다

내 인생 첫 직장은 다단계 사업

나는 지금까지 20년을 넘게 창업하고 사업을 하고 있다. 사실 나는 어느 누구보다도 평범한 사람이었다. 고등학교를 졸업하고 대학을 가기 위해서 학과를 정할 때도 남들 얘기만 듣고 문과생이던 내가 이과 학과를 갈 정도로 목표와 줏대도 없었다. 이렇게 선택한 대학 생활은 너무 재미가 없었다. 남들처럼 재수를 해서 다시 원하는 대학에 갈 용기도 없었기에 빨리 졸업장만 받고 군대를 가고 싶어 했다.

24살 11월에 군대를 제대하고 며칠이 지나자 친한 친구에게 전화 한 통이 걸려왔다. '닥트 크리닝'이라는 아르바이트 자리를 소개시켜준다고 하면서 아르바이트 비용도 많이 주고 전국을 다니면서 일할 수 있다는 것이었다. 워낙 친한 친구였기에 나는 너무나 고맙고 빨리 일하고 싶었다.

나는 친구와 만나기로 한 날, 일찌감치 도착했다. 그런데 정작 친구와 이야기를 나누어보니 친구가 말한 '꿀' 아르바이트 이야기는 사실이 아니었다. 친구는 그것보다 너에게 더 큰 도움이 될 더 좋은 일을 소개시켜주는 자리라며 말을 바꾸었다. 그러나 당시에 나는 그 말조차도 너무나 고맙게 느껴졌다. 나는 상관없다고 하면서 친구에게 고맙다며 그가 안내하는 곳으로 따라갔다.

그곳에는 교육 장소가 있었고 사람들이 너무나 많았다. 친구는 나에게 좋은 것이니까 잘 들어보라고 했다. 나는 정말 어떠한 의심도 하지 않았고 의심할 이유도 없었다. 교육을 받는데 솔직히 무슨 내용인지 전혀 알 수 없었다. 강의자는 피라미드 형태의 조직과 상품을 그려놓고 열심히 설명을 했고, 이곳에 오게 된 것과 이곳에 데리고 온 친구에게 감사하는 마음을 가지라는 말만 반복했다. 그러고는 강의가 진행되는 3일 동안 이 일을 할지 말지에 대해 결정해야 된다고 했다.

그런데 3일 동안 얘기를 들어봐도 나는 그 일이 어떻게 돌아가는 일인지 솔직히 제대로 파악할 수 없었다. 지금 생각해보면 그저 순수한 어린아이같이 나의 뇌는 마냥 깨끗했다. 친구가 소개시켜주는 일인데 이렇게 이해를 못하는 스스로를 답답해하면서 친구에게 오히려 미안했다. 그래서 나는 결정하는 날 친구에게 이 일을 '무조건' 앞으로 열심히 하겠다고 얘기했다.

이것이 내 첫 직장, 다단계 사업의 시작이었다.

인생의 첫 시련,
내 주변에는 아무도 없었다

다단계 사업을 하기 위해서는 370만 원이라는 돈이 필요했다. 370만 원을 만들기 위한 스폰서들이 기획해 준 시나리오대로 지방에서 일을 해야 한다고 하면서 방값으로 370만 원이 필요하다고 부모님에게 부탁했고, 부모님은 내 말만 믿고 370만 원을 해주셨다. 그 돈으로 다단계 사업의 첫 직급 달성을 위한 조건을 성립했다. 그리고 내 친구가 나를 이곳에 오게 한 방법으로 나 또한 스폰서가 얘기한 대로 내가 소중하게 생각하는 사람 리스트를 만들고 이곳에 오게 하는 시나리오를 작성했다.

나는 이 일이 친구들과 함께 월 천만 원을 벌 수 있는 좋은 시스템이라는 사실을 믿어 의심치 않았다. 너무 좋고 기뻤다. 당연히 내 스폰서가 했던 방식처럼 시나리오대로 똑같이 내 친구를 오게 했다. 아르바이트 자리가 있다면서 친구들을 우선 약속장소로 불러낸 다음, 사실은 그 자리가 아니고 다른 더 좋은 일이라고 했다. 강의자의 이야기를 한번 들어보라고 하면서 나 또한 교육장으로 친구를 데리고 갔다.

첫 번째 타임 교육을 듣고 난 친구의 표정은 이상했다. 그 친구는 너무나 부정적이고 이상한 눈으로 나를 쳐다보더니 빨리 이곳을 탈출해야 된다고 했다. 나는 이때까지만 해도 내 친구를 이해하지 못했다. 이렇게 좋은 일을 왜 싫어하고, 나쁜 일인 것처럼 얘기할까? 우리 스폰서들은 내 친구를 못 가게 말리고 설득을 했다. 하지만 내 친구는 결국 도망가듯이 떠나갔다.

며칠 후 내 친구들 사이에서 이상한 소문이 돌기 시작했다. 내가 허무맹랑한 일에 빠져서 세뇌를 당하고 이상한 사람이 됐다고 소문이 나 있었던 것이다. 이런 소문들은 애초에 나를 데리고 온 친구 부모님에게까지 알려져서 친구는 집에 붙잡혀 가고 말았다. 나는 친구들은 물론이고 부모님마저 나를 너무 이상하게 보고, 마치 내가 나쁜 일을 하고 있는 것처럼 생각하는 것에 정말 화가 났다. 나는 부모님을 설득했다. 내가 하고 있는 일은 절대 나쁜 일이 아니고, 성공할 수 있는 일이며, 좋은 시스템이라고 얘기했다. 나는 이곳에서 더 일을 해야겠다고 고집을 부렸다. 나의 고집에 부모님은 걱정만 하시고, 주변 사람들은 나를 멀리하면서 인연이 끊어지기 시작했다. 그렇게 친했던 친구들과 주변 사람들이 나를 피하기 시작했다.

달라진 현실에 나는 너무 힘들었다. 내가 하는 일이 얼마나 잘못된 일이길래 이렇게까지 반대를 하고, 그렇게 좋아하는 친구들 사이를 멀어지게 만드는 것인지, 억울하기도 했고 또 이해할 수도 없었다. 나를 데리고 온 친구도 부모님에게 끌려가고, 내 친한 친구들 또한 나랑 연락이 끊기고, 정말 외로운 홀로서기가 시작되었다.

나는 이곳에서 말하는 성공에 대한 집념이 너무나 강해졌고, 성공한 모습을 꼭 보여주고 싶었다.

이왕 알 거면 제대로 배우고 내 것으로 만들자

모든 사람과 등지고 나는 이곳에서 말하는 성공의 반열에 올라가기 위해서 열심히 일했다. 합숙소 생활을 하면서 새벽 6시에 회사로 출근하고 밤 9시에 합숙소로 들어오는 일과를 계속했다.

이곳의 사업 방식은 스폰서들이 사업에 대한 열정과 확신을 불어넣어 줄 수 있는 교육, 마인드컨트롤, 공감대 형성을 통해서 사업에 자신감을 주입하는 일을 매일 반복적인 강의와 교육을 통해서 진행하고 있었다. 마치 보험업, 방문판매업 영업조직에서 아침마다 파이팅을 외치면서 자기 신념을 잃지 않도록 마인드컨트롤 하는 방식과 유사했다.

그렇게 사업자 회원이 되어 하루하루 열심히 일하면서 조금의 성과는 있었지만, 이 시스템의 원리 및 구조에 대한 궁금증은 여전히 내가 만족할 만큼 해소되지 않았다. 누구도 이런 것을 알려주지 않았고, 오히려 알면 안 된다고 했다.

이렇게 고민하고 있던 시기에 우연히 다른 다단계 회사 대표를 알게 되었다. 그 대표님께서 하는 강의를 듣다 보니 내가 1년 동안 기존에 배웠던 사업과 전혀 다른 내용으로 다단계 회사를 운영하고 있었다. 기존에 내가 했던 일이 전부인 줄 알았는데, 신세계를 경험한 느낌이었다.

나는 그 대표님 밑에서 일을 배우고 싶어 함께하자고 제안했다. 이렇게 그 대표님과 시작된 인연으로 나는 다단계 회사의 운영 체계, 유통구조, 상품개발, OEM, 회원 수당 시스템 등 구조적인 차원에서부터 속속들이 이해하고 배우게 되었다. 기존에는 사업자 회원으로서 성공하려는 입장에서 일을 시작했지만, 회사를 운영하는 입장에서 바라보는 시선은 하늘과 땅 차이였다. 회원으로 가입되었을 때는 직급을 통해, 즉 누군가를 끌어들여야만 매출을 일으키는 방식이었다면, 회사 입장에서 직접 운영 시스템을 알게 되니, 회원이 돈을 버는 구조를 구축하기란 정말 어렵다는 것을 알게 되었던 것이다. 당시의 다단계 회사는 지금으로부터 20년도 넘는 때라, 지금의 네트워크 마케팅을 기반으로 하는 회사 운영 방식과는 많이 차이가 있을 수 있다(그러나 내가 경험했던 20여 년 전만 해도 회원이 돈을 벌기는 불가능한 구조였던 게 사실이다).

그렇게 그 대표님과 만나 다단계 사업을 배워나가면서 기존 회사에서 회원일 때와는 다르게에 사업가로서의 시각을 가질 수 있었다. 기존 회사에서는 회원 모집이 사업의 핵심이라고 생각했지만, 대표님께 배운 것을 통해 앞에서 말했던 상품 개발부터 제조, 유통 구조까지 한눈에 조망할 수 있게 되었던 것이다.

이때 배운 것을 토대로 나는 다단계 사업, 즉 네트워크 마케팅을 하는 사람들에게 도움이 되는 실질적인 조언을 지금까지도 할 수 있게 되었다. 네트워크 사업은 자칫 잘못하면 그릇된 회사에 빠져서 정신적, 물질적 피해를 보는 경우가 많다. 그래서 이왕이면 제대로 시스템이 갖추어진 회사의 사업자로 일을 해야 한다. 회사 운영 시스템을 알고 나니, 나는 옳고 그름을 판단할 수 있는 능력을 갖추고, 조언할 수 있는 위치까지 올라오게 되었다.

20년이 지나도 뼛속까지 훌륭한 경험

하지만 나는 수많은 사업자 회원들을 대상으로 강의를 하고 사업설명회를 하면 할수록 점점 회의감에 빠지게 되었다. 이분들의 눈빛과 이분들의 사업은 정말 우리가 얘기하는 벤처창업, 소자본 창업 등과는 거리가 먼, 단지 다단계 회사에서 제공하는 달콤한 수당 시스템에만 관심이 있는, 정말 아무것도 모르는 분들이 태반이었다. 이런 분들을 대상으로 내가 강의하는 것이 어쩌면 이분들에게 더 많은 불이익을 줄 거라는 생각이 들기 시작했다. 그래서 1년 6개월이 지났을 때 그 일을 그만두게 되었다.

누구는 다단계 회사 경험을 아주 몹쓸 것으로 치부하기도 할 것이다. 하지만 나는 내가 경험한 1년 6개월을 가치있는 것으로 활용하고 싶었다. 당시에는 누구도 경험할 수 없는 이런 내 경험을 주변 누구에게도 공유할 수가 없었다. 그저 나 스스로에게만 위안을 삼고 좋은 경험이라고 여겼다.

시간이 흘러 20년이 지난 지금은 시절이 많이 달라졌다. 다단계 사업은 오히려 예전보다 더 SNS, 인터넷, 광고를 통해서 다양한 방식으로 사업 확장이 이뤄지고 있다. 예전의 경험을 통해 나는 이런 회사의 시스템과 원리를 확실히 알고 있기 때문에, 업체와의 제휴, 상품 제안 등 다양한 일들을 남들보다 한 단계 위에서 처리할 수 있는 능력이 생겼다.

요즘 세상에는 생각지도 못한 수많은 마케팅 판매 기법들이 나오고 있다. 인터넷이 발달하면 할수록 우리가 예전에 배웠던 상식에서 벗어난 마케팅 방식이 늘어나고 있기에 다양한 것을 이해하고 따라가기 위해 남들이 경험하지 못했던 내 경험이 얼마나 소중하며, 내가 창업, 사업을 하는 데 얼마나 많은 도움이 됐는지는 누구도 알 수 없을 것이다. 남들이 경험하지 못한 이런 경험은 내 인생의 큰 자산이 되었다.

대리운전기사 1년, 1천 명의 사장을 만나 사업을 묻고 따지다

대리운전, 그러나 고객 서비스는 확실하게

나는 2004년부터 2005년까지 1년 6개월 정도 대리운전을 했다. 당시 나는 20대에 많은 창업을 했는데, 마지막 편의점 프랜차이즈 창업을 했던 팀들과 헤어지고 고민을 하던 시기에 길거리 전봇대에 붙어 있는 대리운전기사 모집을 보고 바로 면접을 보러 갔다. 사실 대리운전이 솔직히 무슨 일을 하는지 전혀 알지 못했다. 단순하게 차를 운전해주는 일로만 생각했다.

찾아간 사무실은 부천 중동 먹자골목 거리에 위치한 한 평 남짓한 곳이었다. 사장님과 면접 후 바로 오늘부터 일하라고 해서 시작을 했다. 설명을 듣고 나니 술 먹은 사람들의 차를 대신해서 집까지 운전해주는 일이었다. 나는 당시 주머니에 5만 원 정도 가진 게 내 전 재산이었다. 차를 좋아하고 운전하는 것을 좋아하다 보니 대리운전은 어렵게 느껴지지 않아서 마음이 조금 편했었다. 어떻게 보면 현실도피성 일이었던 것이다. 같이 일하는 기사들도 아르바이트, 투잡, 퇴직 후 직장을 구하지 못하는 사람 등이 대리운전을 하고 있었다.

하루를 일해보니 대리운전은 고객을 직접 상대하는 100% 서비스업이었다. 그런데 같이 대리기사 일을 하는 분들은 거의 기계적으로 콜을 받고 기계적으로 대리운전을 뛰는 듯 보였다. 나 역시 주머니가 가벼워서 급한 마음에 대리운전에 뛰어들었지만, 그냥 시간 가는 대로, 콜이 주어지는 대로 일을 하고 싶지는 않았다. 이 업계에서 남들보다는 조금 더 고객이 찾는 대리운전기사가 되고 싶었다.

고객이 한 번 더 찾을 수 있는 대리기사, 오늘 술 마신 고객이 내일모레도 술을 마실 수 있으니 대리기사는 늘 필요할 테고, 그렇다면 아무 대리기사가 아닌 나를 찾는 고객으로 만들면 된다고 생각했다. 그래서 남들이 하지 않는 '고객 감동 마케팅'을 이 일에 적용했다. 한 달이 조금 지나자 단골 고객 약 150명을 확보했고, 2개월만에 고객 주문 콜이 많아져서 대리운전사업을 시작하게 되었으며 빠른 성장을 이뤘다.

당시 내가 쓴 전략은 2가지였다.

숙취해소제로 고객의 마음을 감동시키다

내가 대리운전을 하면서 내가 가장 힘들었던 점은 지리를 잘 모르는 것이었다. 당시는 내비게이션이 보편화되지 않은 때였다. 그래서 차량에 내비게이션이 장착된 경우가 드물었다. 게다가 대리운전을 부르는 차주는 100% 가깝게 술을 드신 분들이라, 차에 타자마자 잠이 들기 일쑤였다. 곤히 잠들어 있는 고객한테 집에 가는 길과 방향을 자꾸 물어보기가 힘들었다. 그래서 나는 고객과 집에 갈 때까지 대화를 지속할 수 있는 방법을 고민했다.

대화를 지속하는 방법을 고민하던 중, 이를 고객 감동 서비스와 연결할 수 있는 묘안이 떠올랐다. 차에 타서 출발 전 감동을 줄 수 있는 서비스를 생각하고 있었는데, 숙취해소제 음료를 제공하면 될 것 같았다. 이런 서비스를 하고 있는 사람은 다른 기사들 중에 단 한 명도 없었다.

문제는 가격이었다. 대리운전비로 받는 비용으로 숙취해소제까지 사려면, 무언가 특단의 조치가 필요했다. 예전에 많은 창업을 경험하면서 유통을 배웠기 때문에 나는 곧바로 숙취해소제 도매회사에 찾아가서 박스 단위로 구입했다. 도매가에 대량으로 구입한 결과, 약국에서 2,000원에 파는 숙취해소제를 개당 대략 300원에 살 수 있었다.

이후부터 나는 차주에게 키를 받으면 출발하기 전 숙취해소제 음료를 서비스로 제공하면서 인사를 드렸다. 고객들은 “아니, 무슨 대리기사가 이런 숙취해소제 음료를 주나?"라고 하면서 너무나 감동을 했다. 옆에 타는 일행이 있다면 그 일행에게도 나는 똑같이 제공했다. 고객들은 1만 원, 2만 원짜리 대리비에 이렇게 큰 서비스를 받는 것에 놀라고, 대접받는 느낌이 든다며 고마워했다.

이런 좋은 분위기가 조성되었을 때 나는 고객님께 비로소 내가 지리를 잘 모르니 집까지 가시는 동안 길 안내를 좀 부탁드린다고 정중하게 부탁했다. 그러면 대부분의 고객들은 즐겁게 기꺼이 길 안내를 해주었다.

고객들은 운전하는 내내 좋은 기분으로 내가 질문하는 것에 성심성의껏 대답을 잘 해주셨다. 고객과 함께 대화하는 이 순간이 나는 고객들을 파악할 수 있는 절호의 기회라고 생각했다. 고객들이 무슨 일을 하는지, 어디에 사는지, 대리운전으로 귀가하는 일은 보통 일주일에 몇 번 하는지, 사업을 하신다면 무슨 업종을 하시는지, 직업이 무엇인지 등 많은 것을 파악하고 물어봤다. 사실 고객관리 차원에서 물어봤지만, 나는 고객님들한테 의외로 주옥 같은 조언을 들을 수가 있었다.

특히 사업을 하는 고객들한테 크고 작은 비즈니스 조언을 들을 수 있었다. 덕분에 운전하고 가는 그 시간이 너무나 즐겁고 행복했었다. 고객들이 살아왔던 얘기를 간접적으로 경험하고, 성심성의껏 조언해주는 말 한마디에 그날 하루를 위로받았으며, 또 그들로부터 많은 것을 배울 수 있는 기회가 되었다.

손편지와 고객 기억하기로 사후 감동을 이어가다

대개의 대리기사는 자기 업무를 고객을 집까지 모셔다 드리는 데서 마친다. 그러나 나는 남들보다 한 발 더 나아가는 전략을 썼다. 바로 이 고객이 나를 다시 찾을 수 있는 마지막 감동 전략을 쓴 것이다. 그것은 손편지였다.

고객 집에 주차 후에 나는 손편지를 기어박스 앞에다 몰래 놓고 내렸다. 내 의도는 다음 날 고객이 출근할 때 손편지를 보게끔 하는 것이었다. 손편지 내용은 이러했다.

"고객님 안녕하세요. 어제 고객님을 대리운전한 임승현 대리기사입니다. 고객님과의 첫 소중한 만남 진심으로 감사드립니다. 인연이 되면 다시 한번 고객님을 모시고 싶습니다. 좋은 하루 되세요."

거창하거나 긴 내용의 글은 아니었다. 다만 내 이름을 밝히고 고객과의 인연에 감사한다는 내용을 전달하는 데 주력했다. 그리고 편지 봉투 겉면에 한 포씩 포장되어 나오는 비타민C와 내 명함을 붙였다. 고객이 편지를 읽고 비타민C를 먹으면서 다시 한번 나를 기억하도록 하기 위한 전략이었다. 어제 받았던 감동 서비스를 아침의 손편지로 이어가 고객이 나를 다시 찾게 만들려는 전략이었다. 그리고 나 자신은 고객에 대한 정보를 핸드폰에 '광명7동 렉스턴 사업가' 하는 식으로 특징을 뽑아 메모했다. 그리고 나면 다음번 해당 고객으로부터 콜 전화가 왔을 때 "안녕하세요 고객님, 광명7동에 사시는 렉스턴 차량 사장님 맞으시죠?"라고 적극적인 전화응대를 했다. 그러면 백이면 백, 고객은 자신을 기억해주는 모습에 또 다른 감동을 받곤 했다.

두 번째 운행을 하면서 만났던 고객들은 나에게 이렇게 고객 감동을 주는 대리기사를 처음 봤고, 두 번째 전화할 때 이렇게 나를 알아봐주는 기사도 처음 봤다고 하면서 너무 대단하다는 칭찬을 아끼지 않았다.

점점 충성고객들이 늘어나면서, 덩달아 입소문이 퍼지면서, 다양한 고객확장이 이뤄지면서 성장을 하게 되었다. 충성고객들 중에는 규모가 큰 일식집 사장님, 나이트클럽 사장님, 다양한 술집, 노래방을 운영하는 사장님들이 많았으며, 그분들이 운영하시는 매장 고객의 대리운전을 나한테 적극 밀어주기도 했다.

작은 감동전략은 생각지도 못한 규모로 확장하게 되었고 주변의 경쟁업체로부터 부러움을 많이 받기도 했다.

대리운전기사에서 대리운전 회사 대표로

이런 고객 감동 서비스 덕분에 내 단골 고객은 빠르게 증가했다. 3개월이 지나자 내 핸드폰에 등록되는 고객 수가 500명이나 되었다. 이쯤 되자 나를 찾는 고객을 혼자 힘으로는 도저히 처리할 수 없게 되었다. 나는 내친김에 곧바로 대리운전 회사를 차려버렸다.

우리 회사에 소속된 대리기사들에게 나는 내가 했던 고객감동 서비스를 교육시켰고, 그대로 따르게 했다. 우리 기사들도 편지를 쓰고 숙취해소제 음료를 제공하면서 고객을 모시다 보니 감동받는 고객님들한테 자연스럽게 많은 팁도 받게 되었다. 심지어 어떤 고객은 거리상 내가 모시러 갈 처지가 안 되어 다른 회사를 이용하라고 말씀드렸지만, 30분~1시간 가까이 나를 기다려주기까지 했다.

1인 기업가라는 생각

내가 대리운전 기사로 단골 고객을 확보하고, 또 쉽게 차린 대리운전 회사 역시 승승장구할 수 있었던 것은 대리운전 기사든 대리운전 회사든 나 자신이 1인 기업가라는 생각이 굳건했기 때문이다. 비록 남들이 쉽게 생각하고 직업적 의식이 별로 없었던 대리운전이었지만, 나는 이 분야에서 남들이 전혀 하지 않는 고객감동 마케팅 전략을 쓰기로 결정했으며, 이를 꾸준하고 성실히 수행했다. 내가 불과 3개월 만에 대리운전사업까지 창업을 하게 된 것도 다 이런 전략과 꾸준함 덕분이라고 생각한다.

대리운전을 하면서 1,000명이 넘는 사업가를 만나 수많은 조언을 듣고 사업적 간접 경험을 배운 일은 이후 내가 사업을 하는 데 있어서 엄청난 밑거름이자 발판이 되었다. 대리운전을 하든 1인

자영업을 하든, 규모와 하는 일은 중요하지 않다. 어느 자리, 어느 위치에서도 자신이 기업가라는 생각을 가지고 한다면 분명 어디에서든 성공할 수 있을 것이다.

망해가는 비디오방에서 신규회원 2천 명을 만들다

대리운전하면서 헐값에 비디오방 인수한 전략

나는 대리운전 사업을 하면서 1년 동안 정신없이 바쁜 시기를 보내고 있었다. 그러던 어느 날, 예전에 일로 만났던 비디오방 사장님으로부터 연락이 왔다. 그분은 내가 DVD 플레이어를 납품하고 영업했던 시기에 만났던 사이였다. 그 사장님은 내게 할 얘기가 있다면서 한번 가게로 오라고 했다.

궁금한 마음에 나는 다음 날 바로 비디오방을 찾아갔다. 사장님은 동업으로 시작했던 비디오방을 혼자서 인수해서 10년 동안 장사가 잘되는 가게로 만들었는데, 이제는 이 일을 그만하고 싶다면서 나에게 가게를 인수할 사람이 있으면 소개시켜 달라고 했다. 권리금은 비디오방 인테리어, 장비값을 포함해서 5천만 원이라고 했다. 당시 그 비디오방 위치는 시내에 있어서 목이 좋았다. 인테리어가 낡긴 했어도 주변 시세에 비하면 엄청 저렴한 가격이었다. 당시만 해도 DVD 영화관 창업을 하기 위해서는 2억 정도가 들어갔다. 어떻게 보면 5천만 원에 비디오방을 인수해서 바로 장사를 할 수 있는 좋은 조건이었다.

나는 대리운전사업을 하고 있었기 때문에 저녁에 시간을 활용할 수 있었다. 곧바로 사전 시장조사에 들어갔다. 일주일 정도 비디오방에서 나오는 고객들을 상대로 그 가게에 대해 물었다. 어떤 점이 좋고 어떤 점이 아쉬운지, 그 비디오방을 자주 찾는다면 이유가 무엇인지, 다시 안 오겠다고 하는 사람에게는 그 이유가 무엇인지 상세히 물었다.

자체적으로 시장조사를 한 결과는 사장님의 말과 달랐다. 이 사장님은 스크린 경마에 빠져서 일수 대출을 이용하고 있었고, 그런 탓에 고객관리 전혀 안 되고 있다는 사실을 알게 되었다. 심지어 고객들이 비디오테이프를 몰래 훔쳐가도 모를 정도라고 했다. 가게는 돌보지 않고 정신이 딴 데 팔려 경마로 인해 일수 대출 상환이 급하다 보니 매물로 내놓은 것이었다. 하루하루 대출을 갚아나가는 삶이 많이 힘들었던 사장님은 하루라도 빨리 자금을 만들어서 대출금을 갚고 정상적인 삶으로 돌아가고 싶어 했다. 그것이 어쩌면 사장님에게는 가장 급한 일로 보였다.

전후 사정을 알게 된 나는 이 기회를 놓치지 않고 협상을 잘해서 좋은 조건으로 내가 인수를 하고 싶어졌다. 일주일 후, 사장님을 찾아갔다. 지금 시내에도 많은 매물이 나와 있는데 전혀 인수하려고 하는 사람들이 없고, 시장 상황이 썩 좋지 않다고 말했다. 그러면서 내가 인수를 한번 해보고 싶지만 솔직히 5천만 원은 너무 부담스러워서 할 수가 없다고 했다. 나는 가진 돈이 2천만 원이 전부이다 보니 혹시 생각이 있으시면 그 가격에 넘기시든지, 아니면 나 역시 포기하겠다고 말씀드렸다.

얘기를 끝내고 매장을 나오면서 사장님의 흔들리는 눈빛을 읽었고, 나는 속으로 웃었다. 이유는 사장님은 지금 너무 급해서 분명 2천만 원에 나에게 매장을 팔 거라는 확신이 들었기 때문이다.

며칠이 지나고 나서 사장님으로부터 연락이 왔다. 2천만 원에 계약하자는 것이었다. 나는 여기서 한번 더 네고에 들어갔다. 2천만 원에 계약을 하되, 계약하는 당일 날 간판 시트지를 바꿔야 하니 100만 원만 빼달라고 요청했다. 사장님은 그 요청도 들어주어 최종적으로 1,900만 원에 비디오방을 인수하게 되었다.

이 일은 내게 깨달음을 주었다. 철저하게 시장조사를 하고 문제점을 파악해서 상대방의 심리를 이용하면 나에게 유리한 조건으로 얼마든지 협상을 할 수 있다는 것. 나의 전략은 유효했고, 완벽한 승리 전략이었다.

새로운 마케팅을 위해서 과감하게 기존고객 버리기

사장님과 1,900만 원에 계약을 완료하고 사업자등록증을 신청한 뒤 장사를 시작했다. 기존 고객들이 있기 때문에 어느 정도 매출이 있을거라고 생각했다. 한 달 장사를 해보고 정산하니 월매출이 80만 원이었다. 이 당시 매장 월세가 100만 원이었다. 나는 인수하기 전에 시장조사할 때 손님들을 통해서 매출이 많이 떨어질 것임을 이미 짐작 했었다. 하지만 현실은 예상보다도 못한 월매출 80만 원이었던 것이다.

솔직히 이 정도 매출일 거라곤 상상하지 못했다. 그래서 나는 새로운 전략을 준비하지 않으면 어떤 변화도 없을 것이라는 확신이 들었다. 변화를 위해서 첫 번째, 기존에 있던 비디오방이라는 상호를 DVD 영화관이라는 상호로 교체했고, DVD 플레이어와 중고 DVD CD를 구매했다. 그리고 10년 가까이 된 소파를 모두 새로운 소파로 교체했다. 사실 당시 나에겐 인수금액 외에는 자금이 전혀 없었기 때문에 추가로 500만 원을 대출받아야 했다. 그것도 '사금융', 즉 일수 대출을 받을 수밖에 없었다. 이렇게 해서 나름 변화를 줬지만, 시내에 있는 DVD영화관을 흉내내는 수준이었다.

그리고 나는 기존고객을 모두 버리고 가격에 손을 대기로 마음먹었다. 1인당 5천 원 받던 금액을 6천 원으로, 2인 9천 원 받던 것을 12,000원으로 과감하게 올렸다. 당연히 기존 고객들은 반발이 심했다. 나는 기존 고객을 유지하면서 내가 원하는 서비스 마케팅을 할 수 없을 거라고 생각했다. 그렇기 때문에 기존 고객은 내 고객이 아니라는 생각으로 시작을 했다.

6개월 만에 회원 수 2천 명을 달성하다

인테리어와 상호, 그리고 가격을 올려 기존 고객과 '결별'하고 나는 '애플 DVD영화관'이라는 상호로 새출발을 했다. 그리고 이에 더해 대리운전을 하면서 고객 감동 마케팅을 했던 전략을 DVD영화관에 접목시켰다. 가장 먼저 고객관리 프로그램과 회원카드를 발급하는 시스템을 구축했다. 그리고 DVD 영화관은 젊은 연인들이 많이 찾는 곳이기 때문에 여자들이 편하게 남자 친구를 데리고 올 수 있는 분위기로 바꾸기로 했다.

통상적으로 어두운 분위기를 연출했던 기존 DVD영화관의 모습을 탈피하고, 나는 기존 조명을 밝고 따뜻한 오렌지색 조명으로 교체했다. 그리고 영화를 보는 고객들한테 대리운전에서 했던 것처럼 똑같이 음료수 서비스를 무료로 제공했다. 다른 DVD 영화관은 음료수와 과자로 또 다른 수익을 만들기 위한 전략을 짰지만, 나는 오히려 원가가 저렴한 음료수를 무상으로 제공해 고객들의 마음을 여는 서비스로 활용했다. 그렇다 보니 연인 중에서도 여성분들의 반응이 훨씬 좋았다. 영화 보러 방으로 들어가기 전에 기분이 좋아진 고객에게 회원카드 발급을 유도하니 이 역시 너무 쉽게 이루어졌다.

고객들의 나이, 연락처, 좋아하는 영화 장르, 직업 등을 파악해서 고객관리 프로그램에 입력하고 관리하기 시작했다. 그리고 매주 새로운 영화가 나올 때마다 회원들에게 안내 문자를 보내기 시작했다. 문자를 보고 찾아오는 고객들, 입소문을 통해서 찾아오는 고객들이 급격하게 증가했다 한 달, 두 달, 세 달이 지나니 회원수가 700명까지 늘어났다. 그리고 6개월이 되었을 때는 회원수가 2천 명까지 증가했다. 그러다 보니 주말에는 대기표를 받고 인근 PC방에서 대기하다 오는 고객이 있을 정도로 우리 '애플 DVD 영화관'의 인기는 높아갔다. 장사가 정말 잘되었다.

하지만 나는 여기서 멈추지 않았다. 주말보다 평일 매출을 끌어올리기 위해서는 또 다른 마케팅이 필요했다. 그래서 인근에 위치한 베이커리와 제휴를 맺고 조각 케이크를 50개, 100개씩 저렴한 금액으로 매입해서 고객들에게 이벤트 문자를 발송했다. 당연히 문자를 보고 찾아오는 고객들은 너무나 좋아하고 매출은 더 증가했다. 뿐만 아니라 회원들 생일이거나 적립금을 사용하는 날이면 나는 똑같이 음료 서비스와 무료영화를 아주 기분 좋게 제공했다. 이렇게 내가 제공했던 다양한 서비스 마케팅은 회원들의 입소문을 타면서 또 다른 고객을 불러들이고, 그 결과 장사가 잘되는 집으로 소문이 나게 되었다. 1년이 지나고 2년이 지나면서도 안정적으로 장사가 잘되고, 나는 간만에 정말 여유로운 생활을 보낼 수 있었다.

기존 고객에게 3천만 원에 매각하고 나는 또 다른 도전으로

장사는 잘되었고, 또 더 할 것이 없을 정도로 고객도 많이 찾아주었지만, 이런 삶에 조금은 지루함을 느끼기 시작했다. 장사로서는 발전에 한계가 보이기 시작했다. 장사를 하면서 계속 또 다른 사업에 대한 생각이 떠나지 않고 있었다.

그렇게 고심하기를 몇날 며칠을 하다가 나는 매장을 매각하고 새로운 창업에 도전해보겠다고 결심했다. 나는 부동산에 매장을 내놓지 않고 기존 회원들에게 문자를 보냈다. 회원님들에게 새로운 창업 도전을 위해서 이번 달 말까지 DVD 영화관을 운영한다고 보냈다. 그리고 우리 매장 인수에 관심이 있는 회원이 있다면 연락을 달라고 했다. 바로 3명에게 연락이 왔다. 물론 모두 단골 회원이었다. 그중 한 회원이 적극적으로 인수하겠다고 제안해왔다. 나는 내가 만들어놓은 이 시스템을 이해하고 잘될 수 있는 분을 선택하고 싶었다. 이 회원은 우리 매장 서비스에 감동을 받고 꾸준하게 이용했기에 적극적이었고, 그래서 나도 결심하고 3천만 원에 양도를 결정했다.

나는 매장 인수자에게 내가 운영했던 모든 노하우, 고객관리 시스템에 대해서 많은 교육을 해주고 방법을 알려줬다. 내가 하던 대로만 운영한다면, 큰 위기 없이 걱정 없이 '애플 DVD 영화관'은 잘 운영되리라 믿었다.

사장 하나 바뀌었을 뿐인데…

6개월, 1년이 지났을 즈음 길거리에서 기존 회원들을 만날 기회가 있었다. 그런데 대부분 회원들이 나에게, 내가 사장으로 있었던 시절이 그립다고 하는 것이다. 한두 명만 그렇게 이야기하는 게 아니고 내가 마주쳤던 대부분의 고객 회원이 그러기에, 나는 그 이유가 궁금했다.

회원들이 하는 이야기는 거의 비슷했다. 사장이 바뀌자 서비스가 달라졌다는 것이다. 나는 곧장 매장을 찾아가서 사장님께 내가 들었던 고객의 소리를 들려주었다. 그러고는 내가 했던 서비스 전략, 마케팅을 유지해야 하고 적용해야 한다고 강조하고 또 강조했다. 그러나 그 사장님은 이후에도 본인의 방식과 마인드로 장사를 해나갔다. 결국 기존의 고객들이 많이 떠나가고 회원이 점점 줄어들었다.

고객이 그동안 이 매장을 찾은 이유는 감동을 받았기 때문이고 또 서비스가 좋았기 때문이다. 그런데 이런 이유가 사라지면, 고객들은 다시 찾지 않는다. 이 간단한 사실을 망각한다면, 장사는 실패할 수밖에 없다.

2년 후에 그 사장님은 DVD 영화관을 폐업했다는 소식을 들었다. 너무 안타까웠다. 내가 잘 가꾼 매장을 누군가가 인수했다가 매출 하락으로 폐업했다는 소식이 좋을 리가 없었다. 나는 장사건 사업이건 고객이 원하는 것을 파악하고 진심을 다해서 서비스하려는 마인드가 없는 사장은 절대 성공하지 못할 거라고 확신한다. 내가 대리운전과 DVD영화관을 성공시켰던 이유도 고객에게 진심을 다하고 고객의 생각을 읽으려고 노력했기 때문이다.

창업의 시작은 제품보다 독점적 위치 확보가 중요하다

6개월 배우고 창업

DVD 영화관을 약 2년간 운영했을 즈음, 나는 새로운 일에 도전하고 싶어 사촌 형에게 부탁해서 형의 친구 회사에 입사했다. 소규모 회사였지만, 특정 시장을 관리하고 있는 나름 인지도가 있는 회사였다. 회사의 주력 제품은 위생용품으로, 도매와 소매를 전문으로 하면서 남들이 잘 보지 않는 특정 시장에서 위치를 잡아가고 있었다.

DVD영화관 매장을 와이프가 낮에는 맡아서 운영했지만, 매장 운영과 회사생활을 병행하는 것은 만만치 않았다. 나에게는 무엇보다 회사에 취업해서 일하는 것이 너무나 낯설었다. 사실 이때까지만 해도 내 인생에서 월급을 받으면서 직장생활을 해본 것이 1년 정도밖에 되지 않았다. 항상 창업만 하던 내가 두 번째 직장생활을 시작하니 힘들고 낯선 게 당연했다. 사촌형의 친구 회사를 다니면서 약 6개월 동안 매일 제품교육, 유통구조, 고객상담을 통해서 많은 것을 배우고 있었다. 그러던 와중에 내 몸속에서 끓어오르는 알 수 없는 창업에 대한 열망이 생겨나기 시작했다. 그래서 대표님에게 내가 나가서 직접 창업을 하고 싶다고 직접 말씀드렸다.

대표님은 내 이야기를 듣더니, 이 시장에서 3년을 배워서 창업했던 사람들도 실패를 하는 어려운 시장이기에 지금 나가서 창업하는 것은 무리라고 말해주셨다. 하지만 나는 이미 생각을 굳혔기 때문에 대표님 말씀이 전혀 귀에 들어오지 않았다. 아무래도 친구 사촌 동생인 나를 진심으로 걱정하다 보니 더욱더 말렸을 것이다. 그러나 나는 지체 없이 대표님께 창업에 도전해보겠다고 하고 퇴사를 결정했다. 시간이 흘러서 보니 이 회사가 내 인생의 마지막 직장생활이었던 것이다.

유아교육 시장을 타깃으로 설정한 이유

나는 창업을 결심한 후에 어느 시장을 타깃으로 사업을 할까 고민했었다. 사촌형 친구 회사에서 근무했을 당시 나는 유아교육 시장, 그중에서도 어린이집에 몇 번 납품한 적이 있었다. 어린이집에 납품을 할 때마다 원장님이나 선생님들 모두 여성분들로 이뤄진 이 시장에 나도 모르게 관심이 가게 되었다. 나는 예전에 대리운전이나 DVD영화관을 운영했을 때도 여성 고객들을 상대로 감동 서비스 마케팅을 아주 잘했기 때문에 여성 고객에 대한 거부감이 없었고 오히려 너무 편했었다.

하지만 내 주변에 있는 분들은 유아교육 시장을 그리 좋게 보지 않았다. 위생업종에서는 유아교육 시장을 매력 없는 시장으로 생각하고 있었다. 학교나 기업을 대상으로 하는 시장이 워낙 컸기 때문이다. 아무래도 유아교육 시장은 여성들을 상대로 하여야 하기 때문에 사업하는 입장에서는 작은 매출 단위, 주문처리 과정, 다양한 요구사항 등 처리해야 할 일들이 많았을 것이다. 정확히는 고객이 여성이기 때문에 오히려 더 반대를 했던 것이다.

하지만 나는 반대로 생각했다. 여성 고객들은 작은 것에 감동하면 분명히 충성고객이 될 수 있다는 것을 DVD영화관, 대리운전을 하면서 그간 충분히 깨닫고 경험했기 때문에 자신 있었다. 사실 여성 고객이든 남성 고객이든 누구나 고객 감동을 주면 충성고객이 되겠지만, 여성 고객들은 남성에 비해 충성도가 훨씬 높았다.

하늘의 별을 따고 싶었다

내가 유아교육 시장을 대상으로 창업을 한다고 했을 때 유아교육시장에 관련된 대표님들은 이 시장이 결코 쉽지 않다며 반대했다. 그 이유는 20년 동안 형성된 이런 특정 시장에는 기존 제조, 유통기업들이 자리를 잡고 있기 때문에 신생 업체가 그곳에 들어가서 경쟁하면서 자리를 잡기는 하늘의 별 따기라는 것이었다.

이런 얘기를 들으면 들을수록 나는 또 오기가 생겼다. 오랫동안 자리를 잡은 회사가 있으면 고객들은 그 회사 서비스에 대해서 무뎌질 수 있고 새로운 서비스를 제공하는 회사로 눈을 돌릴 수 있을 것이라고 나는 생각했다. 사촌 형 친구 회사에서 잠깐 배운 위생관련 유통 회사들 또한 이 시장에 전혀 매력을 느끼지 않고 관심이 없었다는 것도 나에게는 아주 좋은 기회라고 생각했다. 오히려 경쟁자가 없기 때문에 나는 훨씬 마음이 편했다.

시장분석을 통해서 독점적 위치를 잡은 전략

내가 비디오방을 아주 저렴하게 인수했었던 이유는 매물이 나온 매장을 철저하게 시장조사를 통해서 분석했기 때문이다. 무엇이 문제이고, 이곳에서 어떤 것이 필요한지를 찾았기 때문이다. 나는 그런 경험을 바탕으로 창업하기 전에 바로 유아교육 시장에 대해 조사를 시작했다. 여기서 성공하기 위해서는 무엇에 주안점을 두어야 하는지, 남들이 하지 않는 나만의 것을 찾기 위해 필요한 것은 무엇인지 등을 조사했다. 또한 유아교육 시장을 대상으로 하는 수많은 제조, 유통회사들을 찾아보고, 그 업체에서 운영하고 있는 쇼핑몰, 홈페이지도 열심히 찾아보았다.

그런데 홈페이지를 보면 볼수록 특이한 점이 있었다. 대부분의 회사들이 내가 보기에는 다 비슷한 제품, 다 비슷한 아이템에 똑같은 방식으로 영업이나 홍보를 하는 게 보였던 것이다. 아마 내가 아무것도 모르는 백지 상태에서 바라보았기 때문에 어떤 편견도 없이 바로 평가할 수 있었으리라 생각한다. 가장 내 눈에 띄었던 점은 내가 6개월 동안 배운 위생용품에 관련돼서는 대부분의 회사들이 운영하고 있는 쇼핑몰 카테고리 맨 하단에 제품 구색용으로 몇 가지 상품만 노출시키고 있었다는 사실이었다.

나는 순간 기회가 왔다고 생각했다. 기존 회사들은 위생용품에 전혀 관심도 없고, 제품에 대해서도 전문적인 지식이 전무하다는 것이었다. 누군가는 "거봐라. 많은 회사들이 네가 생각하는 위생용품은 거들떠보지도 않는 거야. 그냥 제품 구색용으로만 판매하는 거지. 그 아이템을 가지고 무슨 매출이 나오겠니?"라고 생각을 했을 것이다. 그러나 내 생각은 전혀 달랐다. 비록 6개월간 배운 위생용품 시장이지만, 역으로 생각하면 남들이 거들떠보지 않는 아이템을 가지고 나는 유아교육 시장 위생전문기업이라는 포지션으로 오히려 1등과 같은 독점적 위치를 차지할 수 있을 거라고 생각했다. 그리고 내가 배운 위생제품의 작은 지식과 정보가 유아교육 시장에서는 전문가적인 모습으로 보여질 수 있을 거라고 생각했다.

한편 위생과 떼려야 뗄 수 없는 것이 안전이었다. 어린이들을 보육하는 어린이집에서는 위생, 안전이 사실 너무나 중요했다. 하지만 이 시기에는 위생, 안전에 대해서 사업체, 고객 모두 인식이 없었기에 나는 위생, 안전 전문기업으로 포지셔닝을 할 수 있는 독점적 기회를 잡았다. 역시나 창업을 하고 시간이 흐른 뒤에 보니 나와 같은 포지션을 가지고 사업하는 회사는 하나도 없었다. 내 생각이 적중했던 것이다.

이런 판단 덕분에 나는 창업 시작부터 남들과 경쟁을 하지 않는 첫 번째 위치에서 블루오션 시장을 만들고 리드해 나갈 수 있었다.

고객들은 온리원만을 기억한다

이 경험을 통해 내가 절실히 깨달은 사실 하나는 '고객들은 유일한 업체, 온리온(Only one)이 되는 업체만을 기억한다'는 것이다. 내가 만약에 유아교육 시장에서 또는 어떤 시장이든지 이미 자리를 잡고 있는 회사와 비슷한 제품과 영업 방식으로 시작했다면, 난 그들과 철저하게 경쟁을 하면서 싸워야 했을 것이다. 그리고 고객들도 이미 거래하고 있는 수많은 회사 중에 비슷한 하나의 회사로 인식하다 보니 아마 치열한 경쟁을 통해서 고객들을 빼앗아 오는 입장이었을 것이다.

창업하는 시기가 지금 당장이든 미래의 어느 시점이든 시기는 중요하지 않다. 언제, 무엇으로 창업을 하더라도 지금은 모든 정보와 아이템이 어디에나 공개되어 있고 쉽게 찾을 수 있기에 상품에 집중하기보다는 나만의 차별화된 시장을 만들어 여기에 독점적인, 차별화된 상품이나 서비스를 포지셔닝한다면, 시기와 상관없이 그 창업은 성공으로 이어질 수 있다. 내가 500만 원의 적은 창업비용으로 1년 안에 100배 매출을 올릴 수 있었던 비결은 바로 경쟁자가 없이 고객에게 가장 먼저 온리원이 되는 회사로 인식시킬 수 있는 최적의 포지션을 만들고 사업을 시작한 데 있다고 확신한다.

3장

창업 초기,
승부수를 띄운
6가지 전략

500만 원으로 1년 안에 100배 매출을 올린 초기 전략

장모님께 빌린 창업 자금 500만 원으로 시작하다

새로운 창업을 결심했을 때 내 나이는 33살이었다. 이때 나는 신혼 초기였다. 창업을 한다고 하니 우리 부모님 두 분은 모두 반대가 심했다. 부모님께서는 20대에 내가 살아온 인생을 알기 때문에 안정된 직장에서 오랫동안 일하길 바라셨다.

그러나 나는 다시 한번 홀로서기를 시작해야겠다고 이미 결심을 한 상태였다. 사실 20대에 남들처럼 평범하게 직장생활을 한 것이 아니라 다단계부터 자동차 딜러, 대리운전, 편의점 프랜차이즈 창업, DVD영화관 창업, 영업사원 등 다채로운 경험을 하다 보니 여느 직장인들처럼 차곡차곡 모아둔 돈이 없이 결혼한 상태였다. 그렇기에 나는 와이프와 의논한 후에 장모님께 500만 원을 빌려서 창업자금을 만들었다. 우리 부모님에게는 도저히 빌려달라는 말을 할 수 없었다.

장모님은 500만 원을 가지고 어떻게 창업을 하냐고 하면서 걱정을 하셨다. 사실 동네에 작은 치킨집을 하나 오픈하더라도 가맹비, 인테리어, 집기, 보증금 등을 합하면 1~2억 정도가 들어가는 게 일반적인 창업 비용이었다. 그런데 나는 500만 원으로 창업을 하겠다고 하니 이해가 안 가시는 게 당연했다.

나는 단돈 500만 원을 가지고 우선 조그마한 사무실을 얻었다. 보증금 300만 원에 월세 34만 원이었고, 전에 부동산을 했던 자리로 7평 정도 되는 공간이었다. 말이 사무실이지 간판조차 기존에 달려 있는 부동산 간판을 그대로 사용했다. 그리고 남은 200만 원으로는 중고 책상 2개와 테이블, 중고컴퓨터 2대, 중고 프린터기 한 대를 구입했다. 그렇게 기본 준비를 갖추고, 와이프 친구를 직원으로 채용한 다음 창업 준비를 마치자 내 손에 남은 비용은 약 70만 원이었다.

첫 출근한 와이프 친구는 나에게 월급은 밀리지 않고 꼭 줄 수 있냐고 걱정스러운 눈빛으로 물어왔다. 나는 걱정하지 말라고 했다. 내 월급은 안 가져가도 직원 월급은 충분히 줄 수 있으리란 자신감은 있었다. 이렇게 조그마한 사무실에서 직원과 함께 사업을 시작했다. 회사 이름은 '큐앤아이'로 짓고, 사업자등록증도 발급받았다.

남들이 보기에는 보잘것없는 금액에 사무실도 초라했지만, 나는 다시 창업에 도전하는 그 순간이 너무나 떨리면서도 새로운 일을 한다는 알 수 없는 즐거운 기대감으로 가슴이 벅찼다. 도전하고 새로 시작한다는 느낌이 나를 설레게 했다.

25만 원으로 충분했던 마케팅 도구

나는 직원과 함께 70만 원 정도 남아 있는 운영자금을 가지고 마케팅 전략 계획을 짜기 시작했다. 70만 원으로 온라인 쇼핑몰을 만들고 홍보를 하기에는 자금이 부족했다. 그렇다 보니 쇼핑몰을 만드는 것보다 직접적으로 고객에게 우리 회사를 알릴 수 있는 도구가 필요했다. 그것은 남들이 옛날 방식이라고 생각하는 아주 단순한 홍보 수단인 전단지였다.

요즘 사람들은 지금 시대에는 모든 광고 및 홍보를 인터넷으로 하는 게 당연하다고 생각하는 경향이 있다. 그래서 다들 인터넷을 활용한 SNS 마케팅으로 시작하려 한다. 하지만 나는 가지고 있는 돈이 없었기 때문에 지금 당장 고객에게 우리 회사를 어필할 수 있는 전단지를 활용하기로 했다. 전단지의 가장 큰 장점은 내가 생각하는 고객군에게 직접 나의 정보를 전달할 수 있다는 것이다. 전단지를 받은 고객 중에 관심 있는 고객한테는 무조건 연락이 올 것이라고 생각했다. 당연히 인터넷 키워드 광고처럼 많은 유입을 통한 접점은 없겠지만, 적은 비용으로도 고객과의 접점을 만들 수 있을 거라고 생각했다.

이렇게 생각한 이유는 간단했다. 어린이집이나 유치원에 대한 시장조사를 해보니 그곳 원장님이나 선생님들의 생활 패턴이 하루 종일 쉴 틈 없이 무척 바쁘게 움직이고 있었다. 그렇기 때문에 시간을 내서 인터넷 쇼핑몰에 들어가 상품을 찾고 주문하는 것이 매우 번거롭고 불편할 수 있으리라고 생각했다. 그리고 누군가는 쇼핑몰이 없이 어떻게 홍보를 하느냐고 하는 사람도 있었지만, 이 당시 인터넷 쇼핑몰 유통이 안정화가 완벽하게 되지 않아 구매 사기 사례도 많이 있었던 시기였다. 그렇기에 처음부터 쇼핑몰로 무작정 홍보하는 것보다 바쁜 고객들에게 정확한 정보가 실린 전단지는 오히려 효과가 좋고 신뢰를 얻을 수 있을 거라고 생각했다.

전단지에 이어 내가 두 번째로 준비한 것은 고객들을 관리할 수 있는 고객관리 프로그램이었다. 10년이 넘도록 지금까지 사용하고 있는 어깨동무 프로그램이 그것이다. 이전에 많은 창업을 통해서 나는 고객관계관리(CRM)를 철저하게 적용해서 많은 성공을 해봤기 때문에 이번 창업에서도 가장 중요한 것은 철저한 고객관리를 통한 마케팅을 하는 것이라고 생각했다.

이렇게 두 가지 마케팅 도구를 준비하는 데 전단지 14만 원, 고객관리프로그램 11만 원, 약 25만 원을 썼다. 전단지는 사촌형 친구 회사에서 공급받는 위생용품을 중심으로 상품을 구성했다. 이렇게 어린이집, 유치원을 대상으로 우리 회사를 홍보할 수 있는 마케팅 도구를 완성했다.

내 DM의 목적은 고객과의 통화

나는 당시 내가 가진 것을 기반으로 모든 준비가 끝났기에 직원과 함께 마케팅 전략을 짜기 시작했다. 일단 전단지를 활용해서 두 가지 방법으로 전략을 짰다.

첫 번째는 전단지 두 장을 우편 봉투에 넣고 DM을 보내는 전략이었다. 이 당시 DM을 보내는 우편요금은 250원이었다. 내가 전단지 DM을 통해서 얻으려고 했던 가장 중요한 목적은 우리 회사의 위생제품을 보고 반응을 일으키는 고객으로부터 상담 전화를 받는 것이었다.

대부분의 사람들은 DM을 보내면 효과가 떨어진다고 한다. 그 이유는 매출하고 연관을 짓기 때문이다. 하지만 나는 고객의 데이터를 확보하는 것이 1차적 마케팅의 핵심 전략이었다. 그리고 DM을 보내는 전략도 한 지역에 집중해서 보내지 않았다. 예를 들어, 하루는 시흥시 50통, 다음 날은 강릉시 50통, 그다음 날은 천안시 50통, 이런 식으로 지역별로 세분화해서 하루하루 겹치지 않게 DM을 발송했다.

이렇게 하는 이유 역시 단순했다. 지역별로 어린이집, 유치원의 특성과 구매하고자 하는 상품, 요구하는 점들이 다를 거라고 생각했기 때문이다. 그렇기 때문에 지역마다 다른 특징적인 고객들의 데이터를 동시다발적으로 수집·확보하는 데 가장 좋은 방법이 바로 DM일 거라고 난 예상했다. 이전에 내가 경험했던, 프랜차이즈 기업에서 각 지역마다 매장을 오픈해서 그 가맹점을 중심으로 확산하는 홍보전략과 같은 방식이었다.

하루에 열 군데씩만 돌아도…

내가 DM 발송 외에 쓴 또 다른 홍보 전략은 사무실에서 가까운 지역을 선정해서 하루에 열 군데씩 한 달 동안 방문하는 계획이었다. 이때의 방문 목적 역시 전단지를 가지고 영업하려는 게 아니었다. 우리 회사가 위생, 안전 전문기업임을 알리고, 그중 반응을 보인 고객을 직접 만나 일일이 고객의 데이터를 모으는 데 집중했다. 내가 만약에 다른 회사의 경쟁자로서 영업을 위한 방문을 하겠다고 했다면 아마 많이 힘들었을 것이다.

고객은 기존에 거래하던 업체가 아니고 처음 만나는 회사에는 절대로 순수히 주문을 하지 않기 때문이다. 사람들은 익숙한 것을 바꾸는 데 매우 주저한다. 따라서 나는 고객 데이터를 확보하는 데 목적을 둘 뿐 상품을 판매하는 데 목적을 두지 않았다. 이게 내가 다른 영업사원들과의 차이점이었다. 나는 많은 창업 경험을 통해 고객의 데이터를 확보해서 철저하게 분석하고 관리하는 것이 몸에 배어 있었기에 남들과 다른 방식의 전략을 쓸 수 있었다.

나는 매일 50통의 전단지를 보내면서 제품 상담을 해온 고객 데이터, 내가 직접 어린이집을 방문하여 확보한 데이터를 고객관리 프로그램에 철저하게 기입하고 관리하면서 창업 초기 전략을 실행해 나갔다.

고객 데이터를 활용한 마케팅

꾸준한 고객관리를 통한 전략으로 하루하루가 지날수록 상담이나 주문을 하는 고객이 늘어났고, 고객과의 접점 기회도 많아졌으며, 고객 데이터도 계속 증가하기 시작했다. 하루에 5명으로 시작한 고객 데이터는 7명, 10명, 15명 계속 증가하고 있었다. 그렇게 한 달이 지나자 약 300명의 고객 데이터를 확보할 수 있었다.

창업 두 달째부터는 고객 데이터를 확보하기 위해서 방문홍보를 하지 않았다. 이유는 DM을 통한 상담 고객, 주문 고객, 전화문의 고객들의 데이터가 매일 쌓이기 시작하면서 아웃바운드(outbound : 고객이나 잠재고객에게 직접 전화를 걸어 홍보하는 마케팅) 상담을 통한 고객관리 시스템이 돌아가기 시작했기 때문이다.

이렇게 고객 관리 시스템으로 신규 고객, 기존 고객, 예상 고객, 소개 고객들과의 관계를 유지해나가기 시작하다 보니 3개월부터 월매출이 4천만 원이 넘어갔고, 5개월부터는 월매출이 5천만 원이 넘어갔다. 일반적인 소자본 창업자들이 처음 시작하는 홍보 전략과 다른, 고객 데이터를 통한 CRM 마케팅 전략이 내가 1년 만에 500만 원으로 창업하여 100배 매출을 달성하게 된 핵심이다. CRM 고객감동 마케팅 전략의 중요성은 너무나 크기에 마케팅 편에서 자세하게 설명하겠다.

소자본 창업자는 절대 온라인 창업부터 시작하지 마라

소자본 창업자들은 막 태어난 아기와 같다

처음 창업을 준비하는 사람들 중에는 직장생활 경험이 있는 사람들이 많을 것이다. 통계청에서 발표한 2018년 기준 '소상공인실태조사 잠정결과 보도자료'에 따르면 소상공인 대표자의 연령은 50대가 34.4%로 가장 많았고, 40대가 27.0%, 60대 이상이 23.3%를 차지해 4060세대가 가장 많은 수를 차지했다. 이로 미루어 볼 때, 창업을 하는 사람들은 대부분 직장에서 적게는 5년, 많게는 20년 정도를 근무하면서 나름대로 커리어를 쌓은 이들이라고 보아도 무방할 것이다.

직장의 근무 경력이 있는 사람들은 근무지에서 거래처 관리, 원자재관리, 상품관리 등 다양한 업무를 맡으면서 나름 많은 노하우를 쌓았을 것이다. 이렇게 직장생활 동안 훌륭한 커리어를 쌓고 경험이 많다 보니 창업을 해도 큰 문제 없이 시작할 거라고 많은 사람들은 생각한다. 하지만 내가 그동안 수없이 만나본 창업자들을 보면 이제 막 태어난 아기 같은 모습으로 보여진다. 그 이유는 회사조직 내에서 일했을 때와 나 혼자서 독립해서 창업하는 것은 완전 다른 이야기이기 때문이다. 심지어 사업자등록증을 내고 통신판매업을 신고하는 아주 기본적인 일조차도 처음 겪기 때문에 너무 낯설고 어려움을 느낀다.

회사에서 근무할 때는 이런 모든 것들을 각 부서에서 나눠서 업무를 진행하기 때문에 이렇게 간단한 업무조차 스스로 직접 해본 적이 거의 없을 것이다. 더 정확히는, 회사가 제공하는 안정적인 시스템 내에서 오직 본인이 맡은 업무만을 해왔을 것이다. 이런 창업자들과 상담을 하다 보면 정말 어린아이처럼 깨끗하고 순수한 도화지 같다는 생각이 든다.

나는 이런 분들을 만나면 이렇게 조언을 한다. 기존 회사에서 아무리 잘나갔더라도 자신감을 버리고 아기 걸음마하듯이 하나하나 처음부터 다시 배운다는 생각으로 시작하라고 말이다. 하나부터 열까지 모든 것을 내가 다 책임지고 기획, 영업, 고객관리, 회계 등 모든 것을 배우며 시작해야 하기 때문에 직장에서 쌓은 대단한 자신감은 즉시 버려야 한다.

창업 경험이 많은 사람들은 두 번째, 세 번째 창업을 해도 어렵지 않다. 하지만 창업 초보자들은 누군가의 말에 쉽게 휩쓸릴 수 있는, 즉 사기 당하기 아주 좋은 먹잇감이 되기 십상이다.

온라인 시장으로 미치게 경쟁하고 창업하는 초보자들

창업을 준비하는 사람들 중에 50대 이상은 20년 이상 근무를 하고 퇴직금을 받아서 매장 형식의 프랜차이즈 창업을 많이 한다. 50대 이상 창업자들은 아무래도 젊은 사람들에 비해서 무조건 도전하는 창업보다 안정화되어 있는 브랜드 창업을 한다.

반면 젊은 사람들은 많은 퇴직금이나 여유자금이 없기 때문에 소자본으로 창업을 준비한다. 이런 젊은 분들은 온라인을 통해서 다양한 정보를 흡수한다. 창업을 하는 비슷한 사람들의 창업 후기, 인터넷에서 홍보하고 있는 솔깃한 멘트들의 유혹을 받기 쉽다. 무자본 창업, 누구나 월 1,000만 원 매출 가능, 컴퓨터 한 대로 집에서 쉽게 창업하기, 재고 없이 쉽게 창업하는 방법 등 인터넷에서 본 손쉬운 방법에 따라 온라인 시장부터 뛰어들어 창업을 하게 된다. 매장 창업을 하려면 보증금, 인테리어비용, 상품 초도물량 매입 비용 등 들어가는 비용이 많다. 아무래도 젊은 사람들에게는 초기 투자비용의 진입 장벽이 높은 것이다.

그렇기 때문에 대개는 인터넷으로 상품판매를 시작하는 온라인 셀러 창업을 시작한다. 게다가 온라인상에는 이런 창업자들을 도와준다는 창업자 교육, 판매 교육, 프로그램 교육 등이 넘쳐난다. 그러나 이렇게 시작하는 온라인 창업은 경쟁자가 너무나 많기 때문에 올바른 창업 방법이 아니다. 예를 들어, 우리 주변에서 쉽게 볼 수 있는 편의점을 보면 알 수 있을 것이다. 100미터도 안 되는 거리에 편의점들이 몇 개나 들어서 있다. 이렇게 경쟁이 치열하다 보니 가맹점을 보호하려고 동일 브랜드 편의점은 250미터 이상의 거리를 둔다는 조건이 있다. 그러나 동일 브랜드만 피한다고 경쟁사가 없을까? 타 브랜드의 편의점은 얼마든지 250미터 내에 진입이 가능하다.

서울을 비롯한 수도권과 중심 도시의 시내에는 서로 다른 브랜드의 편의점들이 이처럼 치열한 시장에서 경쟁을 한다. 과연 이곳에서 살아남는 자는 누구일까? 매장을 운영하는 주인일 것인가? 아니면 매장을 확장하는 회사가 살아남을 것인가? 우리는 곰곰이 생각해봐야 한다. 이렇게 경쟁이 치열한 곳에서 창업하는 일은 누구나 원치 않을 것이다. 젊은 사람들에게 온라인은 창업하기 아주 쉬운 조건들을 가지고 있다. 온라인 창업을 시작하는 대부분은 위탁배송업체 사이트에서 제공하는 상품을 오픈마켓, 스마트스토어, 쿠팡 등 다양한 플랫폼에 많이 올리면 팔릴 거라고 알려준다.

나는 이렇게 시작하는 창업 초보자들, 특히 젊은 창업자들을 보면 너무 안타깝다. 이런 방식으로 창업했던 많은 사람들을 만나보면 대부분 시작과 끝이 비슷하게 마무리되는 모습을 많이 보곤 했다.

창업 5년이 지나도 왜 변함이 없을까?

세상에는 공짜가 없다는 말이 있다. 광고에서처럼 쉽게 돈 버는 일은 절대 없다. 20년을 넘게 직장을 다니면서 모은 퇴직금으로 프랜차이즈 창업을 해서 망하는 사람들은 수도 없이 많다. 이분들은 뭐가 잘못됐을까? 나이도 있고 사회 경험도 많지만 창업에 대한 경험은 전혀 없는 것이다. 이분들은 남들이 하는 얘기를 듣고 프랜차이즈 브랜드와 아이템만을 보고 창업 전선에 뛰어들다 보니 장사에서 가장 중요한 고객 응대 방법, 고객관리, 서비스 마인드 등을 전혀 생각하지 않고 준비했고, 그게 결국 사업 실패의 원인이 되는 결과를 낳고 만다. 즉 고객을 다룰 줄 모르기 때문에 망하는 것이다.

그렇다면 온라인 판매로 소자본 창업을 시작하는 사람들은 왜 금방 망할까? 단지 물건을 올리고 판매하는 것에만 집중하고, 정작 고객을 관리하는 방법도 모르며, 수많은 사람들과 같은 방식으로 교육받고 경쟁이 치열한 곳에서 시작을 했기 때문이다. 사실 시작점부터가 잘못된 것이다.

이 세상에 아이템은 넘치고 넘쳐난다. 온라인에서 쉽게 구한 아이템들로 다양한 판매 채널에 상품을 올리고 판매를 시작한다. 이런 일들을 반복적이고 지속적으로 하는 것이 전부이다.

창업을 하고 1년, 2년, 3년, 4년, 5년, 시간이 지나면 지날수록 점점 회사가 한 단계 도약을 하면서 변화가 있어야 하지만, 대부분 온라인 창업가들은 처음과 변함없는 시스템을 유지하고 있는 경우가 많다. 우리는 소자본으로 창업을 하지만, 초기 2년 동안에는 회사 도약을 위한 전반적인 시스템 구축, 사업방향 선정, 브랜드 확립 같은 기본을 만드는 과정이고, 3년 후부터는 한 단계 도약하는 모습을 그려야 한다. 하지만 온라인으로 쉽게 창업했던 분들의 대부분은 상품 등록, 판매, 경쟁, 광고, 이런 패턴을 유지해나가는 데 급급하다.

고객 확보에 답이 있다

많은 소자본 창업자들이 1년, 2년 안에 폐업하고 포기하는 이유는 진정한 '내 고객'이 없기 때문이다. 내 사업에 맞는 고객을 확보하지 않고, 고객을 관리할 수 있는 데이터가 없다는 것이 가장 큰 문제이다. 열심히 물건만 판매하고, 매출을 올리는 데만 집중하고, 정작 우리 회사를 다시 찾아줄 수 있는 고객을 관리하는 것을 배우지 못했기 때문에 폐업을 한다. 수많은 오픈 마켓, 스마트스토어, 쿠팡 등에서 판매는 많이 했지만, 정작 내 고객은 없다는 것이다.

아무리 힘들어도 고객을 가지고 있는 회사는 망하지 않고 유지해 나갈 수 있는 힘이 있다. 반면 그렇지 못한 회사는 계속적인 광고비로 매출을 올리는 데 집중할 수밖에 없다. 나는 젊은 창업자들에게 쉽게 창업하는 광고의 유혹에서 벗어나 본인이 생각한 시장을 찾으려 노력하고, 고객들이 그동안 받아보지 못한 서비스, 고객이 불편해하는 문제 해결책을 제시하는 나만의 마케팅 전략을 만들었으면 한다. 다시 한번 말하지만 쉽게 돈 버는 일은 없다.

거래처 사장님과 고객을 조언자로 만들어라

사업의 시작은 홀로서기

창업을 한다는 것은 너무나 외로운 홀로서기이다. 내 주변에 아무도 없다는 것이다. 사업에 필요한 모든 것을 혼자서 해결하고 책임을 져야 한다. 직장을 다닐 때에는 회사의 시스템 속에서 내가 맡은 업무에만 집중하면 된다. 하지만 창업을 시작함과 동시에 내 주변에는 경쟁자만 있지 나를 도와줄 사람은 없다.

나 또한 혼자 창업했을 때는 외롭고 두려운 기분이 당연히 들었다. 내 주변에 창업을 시작하신 분들과 얘기를 해보면 아이템 선정, 사무실 준비, 사업자금 마련 등보다 '나 혼자'라는 외로움이 가장 두렵다고 얘기를 많이 한다. 창업을 시작해 본 사람들만이 알 수 있는 얘기이다.

이런 불안함과 두려움을 해결하려고 많은 사람들이 친구나 지인과 동업을 선택하는 경우가 있다. 동업자와 함께하면 의지가 되고 내가 힘들 때 동업자가 도와주며 서로 도움이 될 수 있을 거라고 생각한다. 하지만 그건 잘못된 방법이다. 동업자도 나와 똑같은 창업을 시작하는 사람이지 진정한 해결 방법은 될 수 없다. 동업자는 단지 창업을 시작하는 나의 불안한 마음을 해결해 줄 수 있을 거라는 착각 속의 믿음일 뿐이다.

경험적 지혜를 주는 조언자가 필요하다

나는 스물네 살 때부터 지금까지 20년을 넘게 수많은 창업을 경험했다. 지금은 그동안 수많은 경험과 노하우 등을 통해서 많은 것을 배웠기 때문에 창업에 대한 두려움이 전혀 없다. 솔직히 지금도 단돈 500만 원 가지고 창업하려면 난 무엇이든지 할 수 있다. 나는 창업을 시작할 때마다 소자본으로만 해온 경험적 단단함이 있기 때문이다.

하지만 요즘 창업하고자 하는 청년들이나 시니어분들에게는 창업에 바른 길을 제시해 줄 수 있는 조언자를 꼭 찾으라고 말하고 싶다. 나의 멘토 역할을 할 수 있는 조언자를 찾는 것은 생각보다 어렵다고 여긴다. 그렇다 보니 스스로 인터넷을 통해서 얻은 정보, 나와 비슷한 사람의 경험치를 따라 하면서 적용하는 경향이 있다.

그런데 나 스스로 모든 것을 판단하고 남들이 하는 방식을 따라 하다 보면 시간을 허비하는 경우가 많다.

우리는 인터넷, 유튜브에서 얘기하는 모든 방법들을 그대로 하면 나도 잘될 것이라고 굳게 믿으려고 하는 마음을 통제할 수 없게 된다. 사실 목적지까지 가는 수많은 길이 있지만, 굳이 어렵고 힘든 경험을 하는 길을 갈 필요는 없다. 그렇기 때문에 나를 올바른 길로 안내해줄 수 있는 조언자는 꼭 필요한 것이다.

그럼 과연 내 주변에 조언자가 있을까?

알고 보면 내 주변에는 조언자가 생각보다 엄청 많다. 내가 조언자를 찾으려고 하는 마음이 없기 때문에 보이지 않는 것뿐이다.

몇 가지 방법 중에, 우리가 흔히 아는 책을 통해서 조언자를 만나는 경우를 들 수 있다. 책은 나에게 사업적 영감을 줄 수 있는 가장 좋은 방법이다. 나는 책을 통해서 해당 작가님이 했던 것을 따라 하기보다 책의 내용을 통해서 영감을 얻고 나만의 방법으로 적용하는 과정이 가장 중요하다고 생각한다.

그러면 책을 통한 간접적 조언보다 직접적인 조언을 해줄 사람은 없는 것일까?

우리가 창업을 시작하면서 만나는 모든 사람들이 알고 보면 나의 조언자가 될 수 있다. 나도 창업을 하면서 수많은 조언자들을 통해 엄청난 영감을 얻고 배울 수 있었다. 창업을 시작하면 가장 먼저 만나는 사람들이 있다.

첫 번째, 상품을 팔기 위해서는 상품을 공급해주는 거래처가 있을 것이다. 그리고 내 상품을 구매해주는 고객이 있을 것이다. 하지만 거래처나 고객이 나의 훌륭한 조언자라고 생각해본 사람은 무척이나 드물다.

우리는 창업을 하면서 거래처를 개발하고, 거래처 담당자를 알게 된 다음, 거래가 성사되면 상품 발주, 결제, 배송에 대한 업무를 시작한다. 우리는 이런 일반적인 업무를 진행하면서 담당자하고만 관계를 맺곤 한다. 하지만 여기서 잘 보면 거래처를 운영하는 대표님도 나와 같은 창업자이다. 아니, 정확히는 나보다 창업을 먼저 한 사회 선배님이다. 그렇게 따지면 거래처가 늘어날수록 나의 조언자도 늘어나는 셈이다. 경쟁상대가 아닌, 함께 성장하는 선배 조언자가 있다는 것은 얼마나 든든하고 기분 좋은 일인가?

진실된 마음이 다 한다

내가 말한 이와 같은 조언자에게 올바른 조언을 듣고 영감을 얻을 수 있는 방법을 제안하겠다. 나는 지금도 주변 사람에게 내가 해왔던 일 중에 가장 보람 있고 행복한 일은 대리운전 기사를 했을 때라고 얘기한다. 나는 1,000명이 넘는 고객의 차를 운전하면서 단순한 고객이 아닌 내 인생의 멘토 역할을 해주는 조언자로 만들었기 때문이다.

내가 새로운 고객을 만나고 대리운전을 할 때마다 입에 버릇처럼 했던 말이 있다.

"고객님, 저도 앞으로 사업으로 성공하고 싶습니다. 혹시 저에게 조언을 해주실 수 있을까요?"라고 나는 진정성 있게 항상 물어봤다. 그러면 대부분 고객들은 "아이고, 무슨 내가 조언을 해줘요? 참 쑥스럽게…"라며 말들을 하신다. 하지만 술에 취한 고객이지만 내 진실된 마음을 느꼈는지 항상 자식한테 얘기하듯이 충실한 경험적 조언을 해주셨다.

나는 1,000명이 넘는 대리운전 고객에게 수많은 조언을 들으면서 내 인생의 방향성을 잡을 수 있었고, 무수한 영감과 자신감이 생겨나기 시작했다.

나는 대리운전기사를 하기 전까지는 업무적으로 열심히 일하고 회사 매출을 올리는 것에만 집중했었다. 누구 하나 나에게 이런 진실된 조언을 해주는 사람은 본 적도 없었다. 그렇기에 그분들은 비록 대리운전으로 만난 고객이지만 나에게는 인생 처음으로 만나게 되는 훌륭한 조언자였던 것이다.

최근에 나도 술을 한잔하면 항상 대리운전을 부르지만, 내가 만난 대부분의 기사님들은 1시간을 같이 가면서 고객에게 전혀 관심을 두지 않고 오로지 빨리 가야 한다는 생각 뿐이며, 나처럼 인생 얘기를 나누려고 하는 기사님을 거의 본 적이 없다. 어떤 상황이든지 내가 진실된 마음으로 조언을 요청해야 상대방도 진실된 마음으로 조언을 해준다는 것을 알아야 한다.

내가 생각하는 최고의 조언자는 고객과 거래처 사장이다

나는 가장 영양가 있는 조언을 해줄 수 있는 상대로 거래처 사장과 고객을 꼽는다. 창업을 하면서 처음 만난 거래처 대표님에게 찾아가서 지금까지 사업을 어떤 마음가짐으로 해왔는지, 사업에 있어서 가장 중요한 것이 무엇인지를 사업을 시작하는 초보자인 나에게 조언을 해줄 것을 부탁해야 한다. 장담컨대, 거래처 대표님들에게 어디서도 배울 수 없는 엄청난 지혜와 영감을 얻을 것이다. 그리고 거래처와의 관계는 더욱더 단단해질 거라고 나는 확신한다. 많은 회사들은 자기 업체를 포장해서 어떻게 하면 좋은 조건으로 거래할까만 생각하면서 거래처를 대한다. 이렇게 접근하는 사람보다 거래처 대표님에게 배우려고 마음을 열고 다가가는 사람이 훨씬 많은 것을 얻게 되어 있다.

또한 내가 거래를 시작하는 고객도 마찬가지이다. 고객을 단순히 우리회사 상품을 구매한 구매자로 관리하려고 하니 어려운 것이다. 고객에게도 솔직하게 "우리 회사는 다른 회사보다 규모가 크지 않은 작은 회사라고 말하고 고객님께서 많은 조언과 도움을 주셨으면 합니다."라고 진실하게 고객과 얘기를 할 줄 알아야 한다. 고객은 이렇게 얘기해 주는 회사의 대표를 보고 진정성을 느껴 도움을 주려고 할 것이다. 이것이 어쩌면 고객관리를 하는 가장 중요한 마음가짐이다.

고객관리는 기술이 아닌 마음으로 해야 한다. 나도 창업 초기에는 이런 얘기를 입에 달고 살았다. 고객들은 처음 주문을 한 회사의 대표가 많은 조언을 부탁하고 주변 분들에게 두루 소개를 해달라고 정중하게 요청하는 말에 진심을 느껴 많은 입소문을 내주셨다. 행동심리학에서도 부탁을 받는 사람은 심리적으로 도와줘야 될 것 같은 심리가 생긴다고 하니 꼭 한 번 얘기를 해야 한다.

사업은 함께 성장하는 것

우리는 사업이 커질수록 초창기처럼 고객을 보다 더 세밀하게 관리하는 시간과 여유가 없어지기 시작한다. 매출이 커지고 다양한 업무 시스템들이 많아지다 보니 고객들과의 소통은 어려워지기 마련이다. 하지만 사업을 하면서 분명히 힘들어지는 시기가 온다. 나도 어느 순간 매출이 떨어지고 힘든 시간을 겪었을 때를 기억해 보면 내가 쉽게 다가가고 얘기해줄 수 있는 고객, 즉 조언자가 없다는 것을 깨닫는다.

힘든 시기를 이겨내고 다시 일어서기 위해서는 고객을 창업 초심처럼 조언자로 생각하고 다가서야 한다. 내가 대리운전을 할 때 많은 고객들로부터 들었던 수많은 조언들 중 가장 기억에 남는 말은 누구를 만나도 진실된 마음으로 대하라는 것이었다. 이 말이 사업하면서 얼마나 중요한지를 새삼 깨닫게 되었다. 거래처이건 고객이건 진실된 마음으로 다가가면 함께 성장하면서 항상 내 곁에서 조언해주실 것이다.

온라인 광고는 생각하지 마라

창업 초기, 온라인 광고는 독이다

나는 창업을 시작하는 사람들에게 조언을 할 때 절대로 온라인 광고를 먼저 하지 말라고 한다. 처음부터 광고를 시작하면서 창업을 했던 사람들은 몇 년이 지나도 계속적인 광고를 통해서만 매출을 올리는 전략을 유지하곤 한다. 그러면서 항상 매출 대비 광고비 지출이 너무 많다고 투덜대기가 일쑤이다. 정확히 말하자면 '매출이 광고'라는 공식이다.

광고비를 많이 쓰면 당연히 매출은 오른다. 누구나 다 아는 이야기다. 반대로, 광고비를 안 쓰면 매출은 떨어지게 되어 있다. 이 역시 누구나 짐작할 수 있는 이야기다. 그러나 매출은 올라도 광고비를 제하고 나면 수익은 거의 비슷한 수준으로 수렴하기 때문에 광고가 곧 수익률로 연결되지는 않는다. 그런데도 많은 창업자들은 왜 그렇게 온라인 광고에 연연할까? 이유는 단순하다. 온라인 시장에서는 내가 판매하고 있는 상품을 키워드 상위에 노출시켜야 많이 팔리기 때문이다.

내가 사업자를 내고 통신판매업 신고를 하자마자 매우 놀랐던 것은, 어떻게 알았는지 신고 직후부터 온라인 광고대행사에서 엄청나게 연락이 왔다는 사실이다. 업체들은 마치 우리 회사를 철저하게 분석이라도 한 것처럼 자기네에게 광고를 맡기면 매출을 몇 배 올릴 수 있다는 말로 홍보를 해왔다. 그들도 나를 대상으로 자신들의 '광고대행사 홍보'를 온라인으로 해온 것이다.

창업을 시작하는 사람들이 온라인 광고에 쉽게 빠져드는 이유는 매출을 초기에 가장 빨리 올릴 수 있는 최선의 방법이 온라인 광고라고 생각하기 때문이다. 많은 온라인 창업 관련 시설에서 그렇게 교육하고 있고, 당연히 해야 하는 것으로 이야기를 하고 있는 이유도 크다. 게다가 어느 누구도 광고 말고 다른 마케팅 방법이나 전략을 제안하는 사람이 없다. 이 이유는 명백하다. 교육하는 강사들조차 온라인 마케팅 방법으로 경험을 쌓았고, 이것만을 배웠기 때문이다. 우리 창업자들은 결국 한 가지 방법만 경험하고 배워왔던 강사들의 이야기만 듣고 따라 하는 것이다.

광고를 마케팅으로 착각해선 안 된다

나는 사업을 하면서 10년 동안 온라인 광고를 단 한 번도 해본 적이 없다. 우리 회사에 입사하는 디자인팀 직원들은 하나같이 어떻게 광고 없이 매출이 일어나는지 너무 궁금해한다. 그도 그럴 것이, 면접 때 그들이 경력 사항으로 내놓는 직무 중 대개 이전 회사에서 다양한 광고를 만들고 진행했던 경험을 장점으로 들기 때문이다.

온라인에서의 창업은 수많은 회사들과 엄청난 경쟁을 해야 한다. 온라인 광고를 쟁쟁하게 하는 회사들과는 경쟁하고 싶어 하지 않을 것이다.

온라인 키워드 광고는 상위 노출을 위해선 많은 비용을 지불해야 한다. 따라서 사업에서 가장 큰 마케팅 전략을 온라인 광고에 집중하는 것은 바람직하지 않다.

신규 고객보다 충성고객이 중요하다

나는 온라인 광고에 집중하고 의존하는 창업자들을 보면 마음이 아프다. 그들은 광고가 마케팅인 줄 착각을 하고 있다. 그렇다 보니 어떻게 하면 광고의 순위를 높일 것인가만 고민하고 새로운 전략을 찾지 않는다. 이렇게 광고에 집중하는 창업자들을 만나보고 상담을 해보면 본인 회사의 고객 관리를 전혀 하지 못하는 사람들이 대다수이다. 광고하는 것을 곧 본인이 고객관리와 마케팅을 아주 잘하고 있다고 착각하는 것이다.

온라인 광고는 계속해서 신규 고객만 창출하는 방식이다. 그런데 사업이 번창하고 매출이 자리를 잡으려면 이 신규 고객이 충성고객으로 전환되어야 한다. 이를 위해 사장은 늘어나는 신규 고객을 충성고객으로 전환시키는 2차 전략이 필요하다.

내가 광고를 하지 않는 이유 중에 하나는 광고를 통해서 유입된 고객들은 충성고객이 될 확률이 너무 적기 때문이다. 광고를 통해서 주문을 하는 대부분의 고객들은 가격에 민감하거나 또는 급해서 주문하는 경우들이 많다. 즉 우리 회사를 정확히 알지 못한다는 것이다. 그리고 우연히 광고로 우리 회사 사이트에 접속하고 바로 이탈한 고객들의 정보를 나는 전혀 알 수가 없다. 그렇기에 광고를 통한 예비고객을 관리하는 것은 어렵다고 판단하는 것이다.

온라인 광고를 활용하는 방법

그렇다면 온라인 광고를 어떻게 활용해야 할까? 온라인 광고를 잘 활용하는 방법은 없을까? 고민 끝에 내가 찾아낸 방법은 다음과 같다. 광고를 통해서 유입된 주문 고객들 중에 내가 새롭게 개척하고자 하는 시장과 연관된 고객층의 데이터를 확보해서 고객과의 상담 접점 기회를 만들어서 개척시장의 정보를 얻는 목적으로 전략을 구상하는 것이다. 이런 확실한 전략을 마련한 뒤에 온라인 광고를 해야 그 효과를 목표한 대로 얻을 수 있다.

하지만 대부분의 사장들은 매출이 떨어질 때 더 많은 광고비를 사용하고 있다. 나는 온라인 광고는 오히려 매출이 상승하고 있는 시기에 적극 활용을 해서 새로운 고객 유입으로 시장 창출 및 확장을 위한 목적에 활용해야 된다고 생각한다. 이런 목적으로 사용하는 온라인 광고는 오히려 시너지 효과가 나올 수 있다.

남들은 매출을 올리기 위한 온라인 광고를 하다 보니 비용이 많이 발생할 수밖에 없는 고비용의 키워드로 광고를 하게 된다. 하지만 신규시장을 확장하기 위한 목적으로 하는 광고는 큰 비용이 들지 않는다. 예를 들어, 여행업을 생각하면 누군가는 '해외 여행', '유럽 여행' 이런 방식으로 사람들이 많이 찾는 일반적인 키워드로 광고를 하지만, 시장개척을 하고자 하는 사람은 타깃이 명확하기 때문에 '태국 방콕 자유 신혼여행' 이런 식으로 정확한 타깃을 설정해서 고객의 확실한 니즈에 초점을 맞출 것이다. 이것이 온라인 광고를 백분 활용하는 맞춤 전략이다.

광고비 대신 충성고객을 확보하는 데 투자하라

나는 지금까지 온라인 광고비를 100원도 지출하지 않고 연 20~30억 원의 매출을 올렸다. 그 비결은 신규 고객을 확보하는 데 마케팅 비용을 쓰는 대신 주문한 고객을 충성고객으로 만들고 입소문 마케팅을 해줄 수 있는 고객에게 집중한 데서 찾을 수 있다.

예를 들어, 내가 생각하는 타깃 시장에 리플릿 자료를 우편 발송했을 때 고객에게 받는 피드백은 아주 정확하다. 내가 보낸 자료를 보고 한 번이라도 상품문의를 해온 고객은 추후에 나의 고객으로 만들 수 있는 기회가 된다. 이것은 내가 항상 강조하는, 고객을 한정했기 때문에 가능한 전략이다.

나는 상담을 통한 고객정보를 수집했기 때문에 우편비용 600원은 키워드 광고비용으로 사용하는 10만 원 이상의 가치를 한다고 생각한다. 대기업들도 다양한 이벤트 설문을 통해서 고객의 정보를 얻는 데 엄청난 비용을 투자한다. 그것은 고객의 정보를 파악한 데이터는 그만큼의 엄청난 가치가 있다는 것이다.

나는 지금도 다른 쇼핑몰 회사처럼 광고를 통한 쇼핑몰 매출을 활성화하는 데 노력하지 않는다. 우리가 운영하고 있는 쇼핑몰 홈페이지는 고객들에게 상담을 유도하고, 상담을 통해서 얻은 고객의 니즈 포인트를 찾아서 솔루션을 제안하는 데 초점을 맞추고 있다. 그리고 주문을 한 고객에게는 단순하게 상품만 발송하지 않고 그 고객의 성별, 나이, 직업 등을 파악해서 고객이 감동을 받을 수 있는 사은품을 제공하고 있다. 사은품은 구성부터 포장까지 우리가 자체 아이디어를 내서 제공한다. 여성 고객의 마음을 흔드는 먹거리부터 레이저인쇄 장비를 활용해 고객의 이름과 회사명을 각인한 기념품 등 고객 감동으로 이어질 수 있는 것들로 선별한다.

이런 감동 서비스에 감사함을 느낀 고객들은 언제나 꼭 재구매와 소개로 이어진다는 것을 알기에 나는 이런 서비스에 더욱 집중하고 충성고객을 관리하는 곳에 비용을 쓰고 있다. 이런 충성고객들은 온라인 광고로 주문한 고객들에 비해서 주문금액 자체도 월등히 크고 마진율도 높게 형성이 된다.

광고의 노예가 되지 않는 길

온라인 광고는 누구나 할 수 있고 경쟁이 치열한 어려운 길이다. 내 주위 거래처를 봐도 월 광고비를 2~3천만 원 지출하면서도 광고를 포기하지 못하는 이유는 광고비를 쓰지 않을 경우 매출에 상당한 영향을 받기 때문이다.

이런 방식으로 사업하는 분들은 주변에서 누군가가 창업한다고 하면 창업은 어려운 일이라는 말부터 꺼낸다. 경쟁이 너무나 치열하고 광고비도 많이 나가므로 유지하는 것 자체가 어렵다는 조언부터 하는 것이다. 이런 방식으로 사업을 생각하고 운영해나가는 사람과 얘기하면 긍정적이고 발전적인 얘기가 나올 수가 없다. 이런 방식으로 사업을 하거나 사업 경험을 했던 강사들이 넘쳐나기에 새로 시작하는 창업자들은 그들의 조언만 믿고 온라인 광고를 시작해서는 안 된다.

경쟁이 치열한 것은 너무나 당연한 이야기다. 광고비가 비싼 것 또한 누구나 아는 이야기다. 이런 뻔한 이야기를 비용을 받고 조언하는 사람이라면 그 사람의 말은 반드시 거르자. 광고의 노예가 되지 않는 길이 반드시 있다.

창업을 준비하는 사람은 어떤 마음가짐이 필요한가

창업 준비는 그림을 그리는 것이다

창업을 한다는 것은 하얀 도화지 위에 내가 생각하고 원하는 대로 그림을 그리는 것이다. 누구나 그림을 즐겁고 행복하게 그리고자 할 것이다. 하지만 창업을 준비하는 사람들과 상담을 해보면 본인이 생각한 근사한 그림을 그리려는 사람보다 의외로 그림을 어떻게 그려야 할지조차 모르는 사람들이 많음을 알게 된다.

창업을 준비하는 사람들 중에는 "제가 아직은 실력이 좀 부족해서요, 일단 먼저 작게 시작해보려고요, 한번 열심히는 해보려고요. 월급 정도 수익만 벌면 돼요"라는 말들을 하는 사람들이 생각보다 너무 많다. 나는 이렇게 얘기하는 사람들은 창업을 하면 절대 안 된다고 생각한다. 본인들의 창업의 꿈을 소극적이고 겸손하게 얘기하면 그 말처럼 결과는 똑같이 이뤄진다. 이렇게 말하는 사람들의 마음속에는 항상 작은 불안감과 걱정이 자리 잡고 있기 때문에 항상 결과도 나쁘게 나온다.

내가 가장 감명 깊게 읽은 책 중 하나는 론다 번의 《시크릿》(김우열 옮김, 살림Biz, 2007)이다. 나는 지금도 이 책을 힘들 때나 좋을 때나 상관없이 틈만 나면 읽는다. 그리고 직원들에게나 주위 사람들에게도 적극적으로 권해주고 있다. 이 책에서 말하는 것은 내가 상상하고 생각하는 것은 언제든지 끌어온다는 "끌어당김의 법칙"이다. 지금도 나는 내가 원하는 것을 끌어오기 위해 미래를 상상하고 이미지를 시각화하는 데 집중하고 있다.

창업을 시작할 때는 내가 성공하는 모습을 상상하고, 마치 꿈이 이뤄진 것을 몸으로 느끼듯 생각해야 한다. 예를 들어 "창업 2년 만에 10억 달성했습니다, 축하해주세요" 이런 얘기를 계속적으로 상상하고 느껴야 한다. 나는 몇 년 동안 많은 창업 상담을 했지만 소극적인 마음가짐으로 창업을 시작한 사람치고 잘된 사람을 한 번도 본 적이 없다. 이런 분들을 지켜보면, 자기의 신념보다는 남의 말에 휩쓸려 이것저것 따라 하면서 시간을 낭비하고 망치는 경우가 허다했다.

나는 우리 아이들한테도 창업을 하라고 한다

현재 나는 사업을 하고 있지만, 사업을 하는 와중에도 얼마든지 새로운 창업을 할 수 있다고 생각한다. 내게 창업이란, 새로운 아이디어와 영감이 떠오르면 그 즉시 실행해보고 도전하는 행위 자체를 말한다. 내가 생각하는 것을 실행에 옮겨서 새로운 것을 배울 수 있다는 생각에 나는 창업만 상상하면 감정을 주체할 수 없을 정도로 흥분이 된다.

나는 우리 아이들에게도 평생 창업을 하면서 배우고 느낀 것을 알려주고 있다. 나는 아이들에게 열심히 공부해서 대학 가서 좋은 회사에 취직하라고 절대 얘기하지 않는다. 오히려 '절대 그렇게 하지 말라'고 한다. 나는 우리 아이들에게 학교생활 동안 진정 꿈을 많이 상상하고 내가 좋아하는 것들을 배우며, 성인이 되었을 때는 창업을 통해서 너희들의 꿈을 완성하라고 지금도 얘기해주고 있다. 내가 우리 아이들한테 이처럼 당당하고 자신 있게 얘기할 수 있는 이유는 내가 창업을 통해서 배우고 얻을 수 있는 것이 너무 많았고, 내가 생각하는 꿈을 이룰 수 있는 매우 합리적이고 좋은 방법이 창업이라고 생각했기 때문이다.

특히 남자들은 언젠가는 창업 전선에 들어서게 된다. 대부분의 남자는 20년 정도 직장생활을 하고 나면 퇴사 후에 창업의 길로 들어선다. 하지만 이런 창업은 가정, 생계를 유지해나가기 위한 창업이기 때문에 간절하고 불안하며 항상 걱정이 앞서는 것이 당연하다. 요즘 내 주변에 나와 비슷한 또래 사람들도 직장 생활을 하고 나와서 창업을 시작하는 경우가 너무나 많다. 하지만 잘되는 경우는 극히 드물다. 솔직히 잘되는 또래들을 거의 찾아보기 어렵다. 왜냐하면 창업을 처음 시작하기 때문이다. 창업에 대한 경험이 없으므로 기대에 비해 원하는 성과가 나오지 않는다. 이런 결과는 지극히 당연하다고 생각한다.

창업의 시작은 내가 한 번도 겪어보지 않은 새로운 인생을 배우는 과정이다. 처음에 잘 안된다고 절대 실패가 아니다. 실패라기보다 인생을 배우는 과정이기 때문에 시간이 필요할 뿐이다. 하지만 이런 시간을 버티지 못하는 사람들은 결국 포기하게 된다. 그래서 창업은 시간이 충분한 젊었을 때 시작하는 것이 가장 좋다고 얘기하고 싶다.

나도 지난날을 생각해보면 20대에 시작했던 수많은 창업 경험이 얼마나 소중했는지를, 그리고 지금 생각해봐도 그 시기의 짜릿한 배움, 에너지, 열정이 아직도 살아 있음을 느낀다. 젊었을 때에는 정신적으로나 신체적으로나 최고로 에너지가 넘치고 무엇이든 흡수할 시기이기 때문에 전혀 두렵지가 않다. 게다가 배우는 과정의 시간을 버틸 수 있는 에너지도 충분하므로 창업의 적기이다.

상상하는 방법을 알면 실행이 된다

이렇게 즐거운 창업도 시간이 가면 갈수록 힘든 일들이 분명 생겨난다. 이때는 이런 힘든 일들을 해결해나가는 방법이 필요하다. 사실 이런 방법은 어떠한 기술적인 것을 해결하는 문제가 아니기 때문에 내 마음을 움직이는 방향에 따라서 결과가 달라진다. 나는 《시크릿》에 나와 있는 '끌어당김의 법칙'을 많이 사용하고 적용한다.

나는 스물아홉 살에 대리운전을 할 때에도 서른다섯 살에 BMW를 타고 있는 나를 항상 상상하고 시각화하며 즐거워했다. 그런데 창업을 하고 나서 2년 후 서른다섯 살이 되었을 때, 정말로 내가 상상했던 BMW를 구입하게 되었다. 신기한 것은 차를 인도받고 처음 타는 운적석에서 예전부터 항상 내가 타왔던 차를 타는 기분을 느꼈다는 점이다. 이것이 끌어당김의 법칙이라는 것을 《시크릿》을 읽고 난 뒤에 난 알게 되었다. 전혀 헛된 망상이 아니고, 그냥 즐거운 상상을 한 것이 실현되었을 따름이다.

하지만 사업을 하면서 나 또한 힘든 시기가 있었다. 7년간 거래한 거래처들에 결제를 해줄 수 없는 상황이 몇 년간 계속 지속됐다. 항상 결제일이 되면 결제해달라는 수많은 전화에 시달리고 있던 경리 여직원은 이런 상황이 걱정되고 답답하다 보니 나에게 힘들다는 얘기를 하곤 했다.

어느 날 나는 사무실 주변에 있는 카페로 여직원을 오라고 했다. 나는 그곳에서 거래처 결제에 관한 얘기는 전혀 하지 않고 대신 우리가 앉은 카페 이야기만 했다. 이 카페가 너무 예쁘지 않은지, 앞으로 나는 회사를 이런 카페처럼 만들어서 우리가 마치 카페에서 근무하는 것처럼 만들 거라든지, 이런 곳에서 일하면 회사도 엄청 잘될 것이라든지 하는 이야기만 즐겁게 늘어놓았다.

내가 엉뚱한 소리만 하자 여직원은 의아한 표정을 지었다. 당장 거래처 결제가 산더미처럼 쌓여 있는데 이런 얘기를 하는 내가 너무 한심스러웠을 것이다. 여직원은 마지 못한 표정으로 "이런 카페에서 근무를 하면 너무 좋지요"라고 대답했다. 나는 이후로도 여직원에게 카페 같은 사무실을 항상 얘기하고 디자인을 어떻게 하며 색감을 어떻게 하면 좋겠다는 등의 이야기를 자주 했다.

그리고 1년이 지난 후에 경비를 줄이고자 사무실을 이전하게 되었다. 당연히 이 때도 거래처에 결제를 제대로 못 해주고 있던 힘든 시기였다. 보증금 1000만 원에 월세는 60만 원이고 약 40년 된 허름한 건물로 이사를 결정하게 되었다. 그러나 나는 이곳을 내가 상상했던 카페와 같은 형태로 만들었다. 나는 이 사무실 인테리어, 디자인, 기획을 직접 하면서 엄청난 에너지가 내 몸속으로 들어오는 것을 느꼈다. 나는 우리 여직원에게 얘기했다. "내가 항상 얘기한 대로 생각한 사무실이 만들어지지 않았냐"고. 이것이 《시크릿》에서 얘기한 '끌어당김의 법칙'이라고.

그런데 놀라운 일은 이후에 일어났다. 새로운 사무실로 이사를 하고 다음 달에 생각지도 못한 추가 매출이 '1억 원'이나 발생한 것이다. 그리고 1년이 지나자 전년도 대비 매출이 두 배나 상승되어 있었다. 누군가는 이곳의 터가 좋다고 얘기하기도 한다. 하지만 이런 일들은 내가 몇 년 전부터 항상 꿈꾸고 상상하며 시각화한 모습이 그대로 나온 것뿐이었다.

많은 사람들이 사무실을 방문하면 깜짝 놀라곤 한다. "우리나라 회사 같지 않다", "외국계 기업 같다", "혁신적이다", "창의적이고 대단하다"라는 등의 말들을 엄청 한다. 그리고 심지어 거래처 직원들은 우리 사무실 모습을 블로그에 올린다고 사진을 찍어 가는 경우도 많다. 이런 좋은 에너지가 삽시간으로 퍼져나가다 보니 주변에서 우리 회사에 대한 좋은 소문이 눈덩이처럼 불어났다. 이것은 절대 우연이 아니다. 내가 이렇게 될 것을 상상하고 시각화했기 때문에 이뤄진 것이다.

끌어당김의 법칙을 꼭 사용하라

마지막으로 이 끌어당김의 법칙은 매출을 끌어오는 데도 사용할 수 있다. 나는 10년 동안 한 번도 공공기관을 대상으로 매출을 올려본 적이 없다. 공공기관 영업을 하는 방법도 아는 것이 하나도 없었다. 하지만 사무실을 이전하고 나는 공공기관 대상의 매출을 올리겠다고 생각했다. 연 10억의 매출을 올리고 납품을 하고 있는 모습을 상상하기 시작했다. 이런 상상과 시각화는 얼마 가지 않아 10억의 매출을 올릴 수 있는 다양한 전략과 아이디어로 만들어졌고, 2년 만에 성과를 달성하는 결과를 낳았다.

내가 다양한 결과를 만들어낼 수 있었는 것은 원하는 것을 상상하고 그것을 계속 좋은 기분으로 믿었기 때문이다. 공공기관의 시장을 상상하고 그곳에서 주문 들어오는 상상은 즐거웠기 때문에 현실에서도 그런 일이 생겨난 것이다. 결론적으로 창업은 즐겁고 행복한 상상, 걱정과 불안한 상상, 이 두 가지 중에 어떤 것을 하느냐에 따라서 결과가 정해진다는 것이다. 나는 이런 끌어당김의 법칙을 초보 창업자에게 전달하고자 하는 멘토 역할을 지금도 하고 있다.

제조회사와 거래하는 것부터가 창업의 시작이다

제조기업과의 거래는 기본 중의 기본

우리가 창업을 시작하면서 가장 중요한 일은 '거래'를 하는 것이다. 고객에게 물건을 판매하기 위해서는 그 물건을 만들고 공급하는 업체와의 거래가 기본이다. 그런데 창업을 하는 사람 중에는 업체와 거래하는 것을 많이 힘들어하는 이들이 적지 않다. 이는 창업 전 근무처에서 거래처를 관리하고 상품매입을 담당하는 업무를 보았던 사람들도 예외가 아니며, 막상 본인이 창업해서 시작할 때 업무를 쉽게 못 내는 경우가 많다. 이런 차이는 왜 발생할까?

창업하기 전에 다니던 회사에서는 이미 짜여 있는 시스템하에서 자신이 관리만 하면 되는 방식의 업무를 했다면, 창업은 모든 것을 하나부터 열까지 스스로 해결하고 처리해야 하기 때문이다.

뿐만 아니라 새로운 거래처를 뚫는 일도 본인이 직접 해야 한다. 새로운 거래처를 확보하는 일이, 어쩌면 창업의 핵심일 수 있기 때문이다. 게다가 유통 분야를 한 번도 접해보지 않은 사람들에게는 더욱더 어렵고 낯선 일이다.

일반 오프라인 매장을 창업하면 대개 매장에 물건을 납품하는 도매업체와 거래를 많이 한다. 예를 들어, 슈퍼마켓 창업을 한다고 하면 과자, 음료수, 잡화 등 다양하게 제품을 공급하는 도매업체들을 쉽게 찾을 수 있다. 이런 슈퍼마켓을 주변에서도 많이 하기 때문에 지나다니는 차만 봐도 슈퍼마켓에 물건을 공급하는 도매업체라는 것을 쉽게 알 수 있는 것이다. 이런 오프라인 매장 창업은 제품을 공급하는 도매처를 찾는 것은 어렵지 않기 때문에 고객을 확보하는 것에 더 집중해야 한다.

하지만 요즘 유행하는 소자본 무점포 온라인 창업이라면 이야기가 많이 달라진다. 매장과 지역이라는 한계를 벗어나서 온라인을 활용한 다양한 유통 채널을 통해서 판매할 수 있는 장점이 있기는 하지만, 매장이 없기 때문에 내가 창업한 회사가 어떤 방법으로 유통을 할 건지에 대한 명확한 기준을 잡지 않으면 상품을 소싱하고 거래하기가 쉽지가 않은 것이다. 또한 사무실만 오픈해서 창업하는 1인기업 무점포 창업은 실질적으로 눈에 보이는 것이 없기 때문에 오로지 말로만 나의 회사를 어필해야 한다.

회사의 비전을 만들고 반드시 이를 어필하라

이처럼 창업 초기에는 내 회사를 어떻게 어필할 것인가에 집중해야 한다.

내 회사를 멋지게 어필할 수 있으려면 회사에 확실한 아이덴티티가 있어야 한다. 내가 항상 강조해서 얘기하는 것은 창업을 했을 경우 스스로 본인의 제품을 어느 시장에 어떠한 방법으로 판매할 건지에 대한 정확하고 확실한 계획을 가지고 있어야 한다는 점이다. 내가 타깃으로 설정한 시장에 대한 철저한 분석과 조사도 물론 병행되어야 한다. 그래야 남들이 보지 못하거나 관심 없는 틈새시장을 찾아서 공략할 수 있는 나만의 전략이 만들어진다. 이것이 내가 거래처와 상담하기 위해서 가장 중요하게 생각하는 나만의 비전 만들기이다.

이런 비전을 가지고 시작하는 사람과 비전을 전혀 생각하지 않은 사람은 시작점이 다르다. 쉽게 말해서 시작하는 방향에서부터 차별화된다. 더불어 우리 회사를 상대방의 회사에 멋지게 제시할 수 있는 자신감도 확보해야 한다. 이런 목표와 비전 제시가 있어야만 상대방의 회사도 우리 회사를 높게 평가하고 보다 좋은 거래 관계를 만들 수가 있다.

이런 비전 제시를 할 줄 모르고 그냥 판매부터 시작하는 사람들은 누구나가 쉽게 제품을 공급해주는 도매 사이트에서만 상품을 받아서 온라인 마켓에 상품을 올리는 것이 창업의 출발인 것처럼 시작하곤 한다. 이렇게 내 회사의 목표와 비전이 없는 사람들은 시간이 흐르고 흘러도 발전이 없으며, 처음에 시작한 방식에서 벗어나지 못한다.

제조기업 담당자를 3평짜리 사무실로 부른 이유

창업을 한 이후에도 나는 여전히, 어느 사람을 만나더라도 내가 계획한 목표와 비전을 정확하게 얘기한다. 세상에 모든 일을 혼자서 처리할 수 있는 사람은 없다. 사업도 마찬가지다. 사장 스스로 제조부터 판매의 마지막인 고객관리까지 전부 다 완벽하게 할 수 있는 시스템을 갖춘 회사는 없다. 특히 중소 제조기업들은 더욱 그렇다. 우리가 창업을 하고 처음 거래하게 될 제조기업들은 대부분 중소기업들일 것이다. 기존의 대기업 제품들은 이미 대기업 대리점, 총판, 다양한 유통 채널을 통해서 판매와 시장을 가지고 있기에 처음부터 거래를 트기가 어렵기 때문이다.

따라서 우리가 거래하고자 하는 제조 기업들은 대부분 100억 이하의 매출로 운영되는 회사가 대부분일 것이다. 내가 처음 창업했을 때 임시로 얻은 사무실은 보증금 100만 원에 월세 20만 원의 실평수 3평짜리였다. 처음 사무실에 갔을 때 20년은 돼 보이는 허름한 부동산 간판이 걸려 있었다. 나는 이곳에서 사업을 시작했다. 그리고 판매할 제품의 제조기업에 전화를 해서 상품 공급 및 제품에 대한 거래를 위해서 우리 회사에 방문해줄 것을 요청했다.

제조기업은 당연히 전화로는 우리 회사가 어느 정도 규모인지 등을 알 수 없으니 확인차 방문한다고 했을 것이다. 제조기업 담당자와 만나는 날, 회사 근처에서 전화가 걸려왔다. 우리 사무실을 도저히 찾을 수 없다는 전화였다. 당연히 주변 건물 어디에도 우리 회사 이름이 걸린 간판이 없었기에 찾을 수가 없었을 것이다.

나는 현관 입구에 나가서 제조기업 담당자를 안내해서 같이 사무실로 들어와 미팅을 시작했다. 거래처 담당자는 사무실에 들어오자마자 엄청나게 놀라는 눈치였다. 내 생각에는 담당자께서 평생 동안 보아온 회사 중에 제일 작은 회사였을 것이다. 책상 두 개와 원형 테이블이 전부인 사무실이었다. 테이블에 앉아 차를 마시고 인사를 나눈 후 미팅을 시작했다.

내가 제조기업 담당자를 세 평짜리 사무실로 자신 있게 불렀던 이유는 우리 회사를 멋지게 어필하고 회사의 목표와 비전을 확실하게 제시할 수 있는 자신감이 있었기 때문이다. 30분 정도 미팅이 끝난 후 제조기업 담당자께서는 앞으로 우리 회사가 엄청 발전할 것 같다는 칭찬을 하면서 우리와 좋은 거래를 시작하자고 했다. 나는 우리 회사가 원하는 마진과 거래방식도 제안했다.

이렇게 거래를 하면서 1년이라는 시간이 흘렀고 제조기업 담당자님과는 많이 친해졌다. 그리고 오히려 우리 회사의 브랜드 상품으로 제품을 만들어주겠다고까지 하셨다.

이 담당자가 우리에게 브랜드 상품을 만들어주고 우리를 높게 평가하는 이유는 하나였다. 다른 거래처 유통회사는 한 달에 온라인 키워드 광고비를 1,000~2,000만 원 정도를 쓰면서 제품을 판매하는 방식이었지만 우리 회사는 온라인에 전혀 광고를 하지 않고 타깃 시장을 설정해서 남들과 다른 전략으로 마케팅을 하고, 철저한 고객 관리로 입소문 마케팅을 해나가는 '우리만의 전략'을 썼기 때문이다.

온라인에 광고를 수천만 원을 써서 판매하는 회사보다 자사만의 특별하고 고유한 전략이 있는 회사, 그것이 우리 회사의 장점이었고, 담당자는 그 점을 눈여겨보고 평가해주었던 것이다.

제조기업이 나를 찾아오게 포지셔닝하라

창업을 하고 6개월쯤 지났을 때, 나는 또 다른 회사와의 거래를 준비하고 있었다. 이 회사는 당시 어린이 안전용품을 제조하는 선두기업으로 약 300억 정도의 매출을 올리고 있던 회사였다. 게다가 내로라하는 대형마트에 모두 입점해서 판매하고 매출을 올리고 있던 상황이었다.

이럴 경우 대부분은 '과연 이렇게 큰 기업이 우리 회사에 상품을 공급해줄 수 있을까?'라고 지레짐작하고는 거래할 시도조차 하지 않았겠지만, 나는 전혀 그렇게 생각하지 않았다.

당시 내가 창업했던 유아교육 시장에는 어린이 안전용품이 많이 판매되지 않았고, 나는 이 지점을 공략의 포인트로 삼았다. 그래서 제조기업 담당자와 통화를 하면서 우리 회사는 유아교육 시장에 위생, 안전을 포지션하고 있는 회사임을 특별히 어필했다. 그러면서 이 시장에 귀사의 어린이안전용품을 판매하겠다고 했다. 비록 아직 거래량은 적을 수 있지만, 매년 두 배 이상의 성장을 기록해보겠다는 의지도 밝혔다.

그 결과 이 제조기업은 나에게 총판에 공급하는 가격으로 제안을 줬고, 새로운 시장 진출에 대한 기대를 하면서 우리 회사와 거래를 시작했다.

1년, 2년, 3년이 지나면서 우리 회사는 매출이 매년 2배씩 상승했고, 계속적인 거래를 이어갔다. 이 제조기업 담당자가 우리 회사를 비전 있게 바라봤던 것은 본인들이 거래하지 않는 새로운 시장에 대한 나의 도전적인 목표와 자신감을 보았기 때문일 것이다. 하지만 내가 남들처럼 평범하게 온라인마켓에 판매를 한다고 하면 과연 매력을 느꼈을까? 내가 만든 제품을 어느 누군가가 새로운 시장에 론칭해서 마케팅을 하겠다는데 과연 누가 싫어할 것인가?

비록 500만 원으로 창업했지만, 나는 내가 하는 사업에 목표와 비전을 확실히 갖고 있었기에 제조기업과의 거래를 위한 미팅은 내게 두려움이 아닌 즐거움을 주었다. 새로운 거래처와 만남을 계속하면서 함께 성장할 수 있는 시스템을 구축하는 일이야말로 내겐 사업을 하는 가장 큰 보람이라고 생각한다.

나는 창업한 지 2년이 채 되지 않았을 때 50개가 넘는 제조기업과 거래 관계를 맺게 되었다. 창업 시작부터 제조기업과 거래를 시작한 창업가는 시간이 가면 갈수록 사업에 기술과 내실이 쌓이는 것을 느낄 수 있다.

제조기업은 상품을 기획하고 시장을 분석해서 제품을 개발하는 데 많은 시간과 노력을 기울이기에, 우리 같은 유통업체가 이런 제조기업과 사업 파트너로서 같이 간다면 많은 것을 배우고 또 성장할 수 있는 계기가 될 것이다. 이것이 가능하려면 앞에서도 말했듯, 내가 하는 사업의 정체성, 내가 생각하는 시장에 대한 목표를 확실히 정립하고 있어야 한다. 이 두 가지 자세만 잊지 않는다면, 어느 거래처의 대표나 담당자를 만나더라도 자신있게 회사의 비전과 계획을 어필할 수 있다.

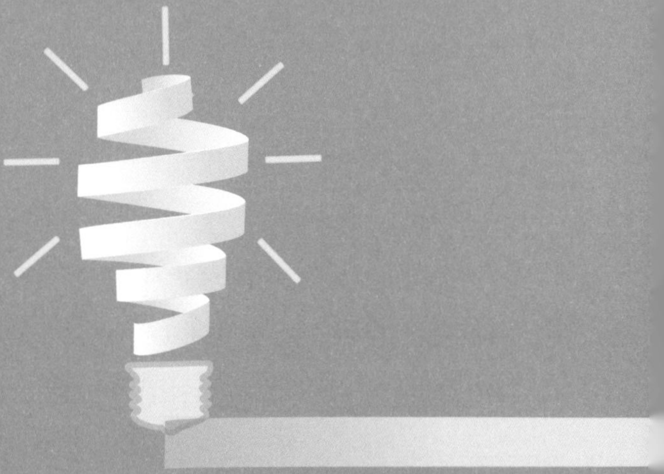

4장

한 번 고객을
영원한 내 고객으로
만드는
고객 관리 노하우

훌륭한 매출은 고객이 감동하면 저절로 온다

고객 감동 어디까지 먹어봤니

우리는 수많은 회사들의 제품과 서비스를 이용하는 고객이다. 지금도 인터넷, 매장 등 다양한 곳에서 제품을 구매한다. 그리고 회사들이 제공하는 서비스를 받고 있다. 그렇다면 현재 우리는 수많은 회사로부터 고객 입장에서 감동을 받아본 적이 있는가? 아마 거의 없을 것이다. 워낙 인터넷을 통한 제품을 구매하고 있다 보니 감동을 받을 기회가 거의 드문 것 같다. 나 또한 고객 감동을 받아본 기억을 딱히 떠올리기 어렵다.

사실 고객은 작은 것에 감동을 한다. 그런데도 그 사소한 것을 전달하지 못해 단골 고객을 만들지 못하는 창업가들이 태반이다. 특히 1인 기업 창업가는 더더욱 고객과의 관계 설정에 정성을 기울여야 한다.

그렇다면 1인 기업 창업가는 왜 고객 감동을 줄 수 있는 서비스에 더 신경 써야 할까?

고객들은 서비스에 감동하면 분명 누군가를 추천하고 또 다른 주문을 할 확률이 높다. 따라서 단 시간 내에 고객을 확보하려면 고객 감동 서비스는 필수다. 이에 더해 1인 기업 창업가가 고객 확보를 위해서 반드시 해야 할 일은 일반 고객을 충성고객으로 만드는 일이다. 충성고객을 만들기 위한 전략 또한 고객 감동이 바탕이 되어야 한다.

충성고객은 나만 제품을 구매하고 만족하는 고객이 아니라 누군가를 적극적으로 소개해줄 수 있는 고객을 말한다. 한발 더 나아가면 적극적인 입소문 마케팅을 해줄 수 있는 고객이다. 그렇기에 우리는 고객에게 감동을 주어야 한다.

그 직원 때문에 주문합니다

내가 직접 겪은 고객 감동 매출 사례를 적어 보겠다. 큐앤아이를 창업해서 5개월 정도가 지났을 때 일이다. 우리 회사는 어린이집, 유치원을 상대로 위생제품, 안전제품을 전문적으로 취급하는 기업이었다. 물론 여직원하고 나, 단 둘밖에 없는 조그마한 규모였다.

그 당시 우리는 많은 고객이 없었기 때문에 한 고객 한 고객 최선을 다해서 상담을 해주고 고객관리에 신경을 썼던 시기였다. 그러던 어느 날 한 남자 고객으로부터 전화가 오고, 여직원하고 10분 정도 상담을 하고 난 뒤에 약 100만 원 정도 구매 확정을 해주셨다. 당시 우리 회사의 매출 규모로 볼 때는 너무나 큰 금액이었다. 우리는 '오늘은 운이 매우 좋은 날'이라고 서로 웃으며 넘겼던 기억이 있다.

그리고 일주일이 지난 뒤, 주문 주신 남자 고객님한테 전화가 왔다. 그렇게 잠시 여직원하고 통화를 하더니 사장을 바꿔달라고 했다. 나는 내심 '무슨 일이 있나? 혹시 전부 제품을 반품하려나? 아니면 제품에 무슨 문제가 있나?' 순간적으로 수많은 생각들로 걱정이 되었다.

긴장된 마음으로 전화를 받고 "네, 안녕하세요, 고객님. 임승현 대표입니다. 혹시 무슨 문제가 있으신지요?"라고 물어봤더니, 고객님께서는 좀 전에 통화했던 여직원을 다짜고짜 칭찬해주라고 하셨다.

이유는 고객님께서 큐앤아이에 주문하기 전에 상담했던 두 군데 업체가 있었는데, 그 두 군데 업체 담당자들은 회사가 규모가 커서인지 아니면 바빠서 그런지 몰라도 고객이 원하는 대답이나 필요한 제품 설명을 제대로 해주지도 않고 일상적인 사이트에 나와 있는 가격, 설명만 얘기를 해줬다고 한다. 그런데 큐앤아이 여직원은 고객이 필요한 제품을 추천하고 공감해 주며 친절하게 상담해주는 것에 감동을 받아서 바로 100만 원어치 제품을 그 자리에서 구매했다는 것이다. 너무나 과분한 칭찬을 해주시길래 나는 오히려 어찌할 줄 몰랐다.

고객님과 통화 후 얼마나 감사하고 뿌듯한지 우리 여직원이 멋져 보이고, 대견스럽고 감동적인 마음이 들었다. 고객님은 "여직원의 모습을 보니 큐앤아이는 많이 발전할 것 같습니다. 그리고 제가 주위의 어린이집 원장님들께도 이곳을 소개해줄 테니 걱정하지 마세요"라고까지 하시면서 아주 기분 좋게 전화를 끊었다.

사업 시작한 지 얼마 안 됐지만 고객님께 칭찬을 듣고 용기를 얻다 보니 자신감이 생겼다.

고객감동
입소문 마케팅까지

그 전화를 받고 일주일이 지났을 즈음이다. 저번주에 통화했던 남자 고객님으로부터 소개받고 전화했다는 어린이집 원장님 5명한테 연락이 왔다. 아니나 다를까, 정말로 남자 고객님께서 5군데의 어린이집을 소개해주셨던 것이다. 소개받아서 전화주신 원장님들은 제품 기능, 가격 어떠한 것도 묻지 않고 남자고객님이 주문하신 제품하고 똑같이 주문하겠다고 했다. 다시 원장님들께 물어보니 남자 원장님께서 꼼꼼하게 알아보시고 추천하신 거라 믿고 주문하면 된다고 했다. 5명 원장님께서 주문한 매출은 약 500만 원이 넘었다.

정말 너무나 감사하고 고마운 마음에 남자 고객님께 전화를 해서 감사하다고 말씀을 드리면서 제가 조그마한 감사 선물을 해드리고 싶은데 무엇이 필요한지 물었다, 그러자 그분은 "난 어떠한 것도 바라지 않고 진심으로 소개한 것뿐입니다"라고 말씀하시며 "그 여직원이 보인 진실된 모습으로 사업하시면 대박나겠다"며 오히려 칭찬과 격려를 하시고 전화를 끊었다.

이 일을 계기로 우리는 고객님이 위치한 안양 지역의 수많은 어린이집 원장님을 소개받으며 거래처가 늘어나면서 강력한 입소문 마케팅 효과를 보게 된 것이다. 이처럼 1인기업 창업자는 수많은 마케팅을 하지만 입소문 마케팅이말로 꼭 필요한 것을 명심해야 한다.

기본에 충실한 게 고객 감동의 본질이다

고객 감동은 특별한 것이 아니다. 남들이 쉽게 놓치고 잃어버리기 쉬운 가장 작은 부분을 우리는 다른 업체보다 기본에 충실하면서 소홀히 하지 않은 것뿐이었다. 물론 우리 회사가 전화로 상담하는 전략을 애초에 적용했었고 나름 고객 응대 준비를 하고 있었기 때문에 이런 상담과 서비스가 빛을 발한 것일지도 모른다. 이것이 그 고객에게 감동을 주고 또다른 매출을 일으키는 강력한 입소문 마케팅이었다.

아무리 바쁘고 처리할 일이 많아도 고객 한 명 한 명의 전화에 진실된 마음으로 성심성의껏 대하면 고객들도 그 마음을 충분히 알 수 있을 것이다. 고객감동은 사람을 대하는 일이므로 진실된 마음으로 전달하는 것이 가장 큰 무기이다.

고객 관리는 한 명에서부터 시작한다

고객이 있어야 이후 업무가 가능하다

사업을 하다 보면 처리해야 할 중요한 일들이 많다. 직원 관리, 회계 관리, 상품 관리, 재고 관리, 거래처 관리, 고객 관리와 영업 및 마케팅 등 중요하지 않은 것이 없다. 하지만 이 가운데 가장 중요한 요소는 단연코 '고객'이다. 고객이 있고 주문이 일어나야, 이후에 벌어지는 다양한 업무 시스템도 가능하기 때문이다.

회사가 충분한 자금으로 모든 시스템을 갖춰 놓았어도 진정 고객이 없다면 매출이 발생할 일도 없고, 절대 앞으로 나아갈 수 없다. 사장들은 고객을 확보하기 위해서 다양한 방식으로 마케팅 및 광고를 한다. 운영자금에 여유가 있는 회사는 광고를 통해서 수많은 잠재고객을 유입시키려고 노력하고 있다. 자금을 활용한 규모의 경제를 하고 있는 것이다.

하지만 초기 창업하는 사람들은 대부분 소자본이기 때문에 광고를 하는 방식으로는 고객 확보 전략을 펼칠 수 없다. 그럼 어떠한 전략으로 고객을 확보해 나가야 될 것인가?

한 명의 고객이 100명의 충성고객이 된다

사업을 시작하는 사람이라면 0에서부터 출발하듯이 고객 또한 0에서 1명을 만드는 것에 집중해야 한다. 하지만 대부분의 사람은 쉽고 빠른 방법으로 잠재고객을 확보하는 것에 많은 고민을 한다. 한 명의 고객으로부터 차근차근히 충성고객을 만들어가는 과정을 거쳐서 10명, 50명, 100명…… 순차적으로 늘어나야 하는데 그 과정을 생각하지 않는 것이다. 그러나 이렇게 순차적으로 만들어진 100명의 충성고객이 있는 회사는 무적이 될 수 있다. 그렇기에 충성고객을 만들기 위해서 우리는 한 명의 고객에게 집중을 해야 한다.

한 명의 충성고객은 100명의 일반 고객보다 훨씬 더 강력한 힘이 있다. 예를 들어, 인스타그램에서 유명한 인플루언서는 많은 기업들로부터 광고와 홍보 관련 제안을 받는다. 한 명의 인플루언서의 영향력은 어떠한 광고보다도 강력한 힘을 지니고 있기 때문이다. 그렇기에 우리는 한 명의 인플루언서와 같은 충성고객을 만들려고 노력해야 한다. 만약 이런 충성고객 100명을 만들 수 있다면 얼마나 강력한 마케팅이 될 것인지, 생각만 해도 소름이 돋는다.

한 명의 날갯짓이 불러온 효과

사업을 하게 되면 수많은 고객들과 거래를 하게 된다. 이 고객들 중에는 영향력 있는 인플루언서와 같은 역할을 해줄 고객이 분명 있다. 나는 사업을 하면서 이런 고객을 찾는 일에 늘 집중하고 주의를 기울인다. 사업을 하면서 영향력 있는 고객의 강력한 힘을 경험한 적이 많이 있기 때문이다.

어느 날, 어느 도(都)의 담당 부서 과장님으로부터 연락을 받았다. 당해 지원사업에서 우리 회사가 판매하고 있는 제품을 검토 중인데, 샘플을 보고 싶다고 했다. 나는 곧 샘플을 가지고 ㅇㅇ도 ㅇㅇ과에 방문했다. 과장님은 이미 이 제품을 알고 있었고, 미리 내부 회의를 통해서 제품을 직접 보고 최종 결정을 하려고 나에게 들어오라고 했던 것이었다. 상담이 끝나고 과장님은 결정이 나는 대로 연락을 주겠다고 했다.

당시 나는 큰 규모로 납품을 해본 경험이 한 번도 없었기 때문에 전혀 기대하지 않고 사무실로 돌아왔다. 그런데 3주가 지나고 나서 우리 회사는 여러 가지 상황을 이겨내고 결국 최종 납품을 진행하게 되었다. 당시 납품 가격은 약 2억 원. 우리 회사로서는 매우 큰 금액이었다.

납품이 확정되는 순간 나는 처음 겪는 일에 하늘을 날아갈 듯이 기뻤다. 아니, 어떻게 이런 일이 나에게 일어났을까 정말 신기했다. 그날을 도저히 잊을 수가 없었다. 우리 제품을 ㅇㅇ도에 있는 어린이집, 유치원에 모두 납품하는 사업이었다. 납품 결정 이후 난 지역마다 일정을 잡고 열심히 납품을 하며 돌아다녔다.

그러던 어느 날, 그날도 납품을 위해 어느 지역의 한 기관에 방문했다. 납품을 마치고 돌아오는 엘리베이터 안에서 담당자께서 나에게 이런 말을 했다. "사장님, 이번에 납품하는 사장님 회사 제품, 사실은 제가 추천해서 제안한 겁니다." 깜짝 놀라는 내게 담당자는 그간 우리 회사가 이 제품을 꾸준히 잘 판매하는 것을 알고 있었고, 좋은 서비스를 하고 있다는 것도 알았기에 적극 추천한 것이라고 했다.

당시 나는 내게 왜 이런 좋은 일이 일어났는지 전혀 생각도 못 하고 있었다. 그저 우연히 우리 회사 홈페이지나 블로그에 있는 정보를 보고 연락이 온 것 아닌가 추측하고 있었다. 나는 이렇게 큰 납품을 할 수 있게 소개를 해준 것에 너무 감동을 받아서 어쩔 줄 몰랐다. 담당자는 나의 당황한 모습을 보면서 오히려 다음에도 잘 부탁드린다고 인사를 해왔다. 솔직히 공공기관만 아니었으면 충분한 보상을 해줘도 부족한데 고마움을 표현할 어떤 것도 할 수 없었다.

돌아오는 차 안에서 많은 생각을 하게 되었다. 분명 누군가는 우리 회사, 나를 항상 지켜보고 있다는 것을 새삼 느끼게 되었고, 한 명 한 명 고객에게 내가 잘하고 있는지, 초심을 잃지 않고 사업을 하는지 깨닫는 계기가 되었다.

월 8만 원 고객이 1억 매출을 가져오다

한 명의 고객이 가져오는 엄청난 효과를 경험한 일은 또 있다. 어린이집, 유치원 원장님들을 대상으로 꾸준하게 거래를 하고 있던 어느 날이었다. 우리 회사와 5년 정도 거래를 하고 있는 유치원 원장님으로부터 전화가 왔다. 그 원장님은 한 달에 한 번 정도 어린이들이 사용하는 핸드타올을 구매하며 관계를 이어가고 있던 고객이었다. 고객의 매출은 8만 원 정도였다. 이 액수가 남들이 보기에는 큰 주문이 아닌, 소소한 주문을 해주는 일반적인 고객일 수도 있다. 하지만 나는 금액을 떠나서 철저하고 동등하게 고객 관리를 하며 그 원장님과 관계를 꾸준하게 유지하고 있었다.

그러던 어느 날 원장님으로부터 전화 한 통이 걸려왔다. ㅇㅇ시 유치원에서 운행하는 어린이 버스 차량에 들어가는 어린이 안전 카시트를 납품할 수 있는 자리를 만들어주겠다는 것이다. 그러면서 원장님은 ㅇㅇ시 유치원 원장님들이 모이는 자리가 있으니 와서 제품 설명을 해달라고 했다. 나는 철저히 준비를 해서 약속된 미팅 자리에 참석했다. 우리가 판매하는 제품을 소개하고 사후 문제가 생겼을 때 처리하는 방법 등을 자세히 설명드렸다. 미팅 자리에 가서 보니 우리 회사 말고도 다른 두 군데 업체에서 제품 설명을 위해 참석해 있었다. 세 업체를 공개 평가하는 자리였던 것이었다.

일주일 정도가 지나고 나서 나를 소개해준 원장님께서 연락을 주셨다. 최종적으로 우리 회사로 납품 결정이 났다고 하셨다. 그런데 납품 결정의 결정적 역할을 바로 우리 고객이었던 원장님이 했다고 했다. 우리 회사가 믿을 만하며, 또 신뢰할 수 있는 업체라고 다른 원장님들에게 적극적으로 의견을 피력했다는 것이었다. 유치원에서 저마다 개별적으로 입맛에 맞는 업체에 주문할 수도 있었지만, 그 원장님의 영향력(?) 덕분에 우리 회사로 공동구매를 결정해주었다고 생각하니 고마운 마음이 컸다. 당시 납품 금액은 1억 원이 넘었다. 너무나 감사한 마음을 기껏해야 말로만 전달할 수 있었다. 원장님께서는 그간 거래를 하면서 우리를 믿어온 것이 있었기에 자신 있게 소개를 시켜줬다고 하셨다.

우리 회사의 제품을 큰 금액으로 구매해야 충성고객이라는 것은 엄연한 착각이다. 매출액을 떠나서 어떤 고객과도 꾸준한 관계를 잘 유지하는 것이 중요한 까닭은 그 고객이 우리에게서 얻어가는 것이 제품과 더불어 신뢰와 믿음이기 때문이다. 우리는 고객들에게 특별한 서비스나 큰 무언가를 해주어야 될 것이라고 생각할 수 있지만, 사실 고객들은 큰 것을 바라지 않는다. 작은 것에 충실하고 고객이 필요로 할 때 언제든지 도와줄 수 있는 진정성을 보여주는 것이 가장, 그리고 무엇보다 중요하다.

잠재고객을 절대 속단하면 안 된다

내가 경험한 앞의 두 가지 사례를 보면 한 명의 충성고객의 영향력이 얼마나 강력한지 알 수 있다. 충성고객은 어쩌면 가장 가까운 곳에 있을 것이다. 우리가 미처 생각지도 못한 곳에 숨어 있기에 잠재고객이라도 스스로 그 고객을 판단하고 속단해서 결론을 내리면 안 된다. 진정한 영향력을 발휘하는 충성고객은 나를 뒤에서 지켜보고 나중에 마음을 열어서 우리에게 큰 선물을 준다는 것을 명심해야 한다. 고객 한 명에게 연결되어 있는 수많은 예비 고객들이 있다는 것을 명심하고, 한 명의 고객을 진정성 있게 관리하다 보면 분명 흙 속의 진주가 나타날 것이다.

고객관리 프로그램을 적극 활용하라

느껴야 실행한다

내가 창업과 동시에 가장 먼저 구축한 시스템은 고객 관리 프로그램인 어깨동무 구입이었다. '어깨동무' 프로그램은 당시 10만 원에 구매해서 평생 사용하는 조건이었다. 적은 비용으로 고객들을 철저히 관리할 수 있는 시스템이어서 초보 사장이었던 내게는 안성맞춤인 도구였다.

온라인 창업을 시작한 대부분의 사업가 중에 고객관리에 대한 개념을 가지고 있는 사람은 거의 없다. 최근 나는 온라인 창업을 시작하고 3년 정도 지난 30대의 젊은 사장을 만난 적이 있다. 그에게 최근 사업하는 데 가장 힘든 요인이 무엇인지 물었다. 그는 온라인 판매 창업은 누구나 쉽게 뛰어드는 곳이기에 너무나 경쟁이 치열하고 상품 마진이 너무 적은 것이 가장 큰 고민이자 문제라고 했다.

나는 다시 그에게 혹시 재구매가 어느 정도 나오는지, 충성고객을 어느 정도 확보하고 있는지 물어봤다. 그는 재구매하는 고객이 10%도 채 되지 않으며, 자신은 고객관리를 해본 적이 한 번도 없다고 했다. 그러면서 스마트 스토어, G마켓, 쿠팡 등에서 판매를 하다 보니 주문한 고객은 내 고객이 아닌 플랫폼 기업의 고객이기 때문에 고객관리를 할 수 없다고 했다. 게다가 그 사장은 고객관리를 하려면 비용이 많이 드는 데다가 너무 힘들 거라는 얘기를 했다.

이 젊은 사장과 이야기를 나누면서 나는 온라인으로 창업하는 대부분이 이런 생각을 하고 있겠다는 생각이 들었다. 나는 이 젊은 사장을 보면서 앞으로도 이 사장의 사업이 너무 힘들 것 같다는 생각을 하게 됐다. 이 사장은 본인 회사를 다시 찾아주는 충성고객이 없고, 가장 중요한 고객을 관리할 수 있는 어떤 시스템도 구축되어 있지 않기 때문이다.

젊은 사장의 말마따나, 이 업체는 쇼핑 플랫폼 기업이었으므로 고객 관리를 할 수 있을 만한 판매 방식도 없었고, 자기만의 홈페이지나 쇼핑몰을 구축해서 고객을 별도로 유입하려고 하는 전략조차 가지고 있지 않았다. 이 젊은 사장은 3년 가까이 사업을 운영하면서 습관화되어 있는 잠재의식 속의 행동에 길들여져 변화를 가져오려는 시도조차 하지 않았던 것이다.

관리가 없다면 고객도 없다

창업을 처음 하는 사람들은 고객관리라는 것을 그다지 중요하게 생각하지 않는 것 같다. 그 이유는 한 번도 고객관리에 대해서 관심도 가져보지 않았고 배워보지도 않았기 때문이다. 잠재의식 속에서 고객관리 업무가 마케팅보다 덜 중요하다고 생각하는 탓이다.

그럼 고객관리는 어떻게 하는 것일까? 이를 위해 개념 정리부터 하자면, 고객 관리란 '고객과의 관계를 계속 유지하기 위해 고객의 정보와 데이터를 성심성의껏 정리하는 방법'이다. 예를 들어, 보험 영업을 하는 사람이 있다고 생각해보자. 보험 영업을 하는 사람은 수많은 사람들을 만나 내가 취급하는 보험상품을 영업할 것이다. 그러다 보면 상품 구매를 해주는 고객이 생길 것이고, 또 잠재고객도 자연스럽게 발생할 것이다. 이때 영업사원은 계약이 이뤄진 고객만 관리하는 것이 아니고 잠재고객 또한 관리해야 된다.

보험 영업자는 다른 다양한 사람을 소개받기 위해 기존 고객을 관리해야 할 것이고, 잠재고객에 대해서는 계약 유지의 가능성을 열어 두고 관계를 이어갈 통로를 만들어야 하기에 관리가 필요할 것이다.

이렇게 영업하는 사람들은 고객들과의 관계를 잘 유지하기 위해서 고객들의 생활 패턴, 취미, 관심사 등 다양한 것을 알아내려고 노력하고, 그것에 공감대를 만들어주고자 하는 것이 진정한 고객관리인 것이다. 마음에서 우러나지 않고, 틈나는 대로 문자만 보내고 간혹 신상품에 대한 소개만 한다면 고객 또한 마음을 열지 않을 것이다.

이처럼 고객관리는 영업과 함께 가는 동반자다. 하지만 온라인 판매 창업을 시작하는 사람들은 고객을 확보하려고 하는 생각보다 상품을 판매하기 위한 마케팅, 광고에만 집중하는 경향이 있다. 한 명의 고객은 수많은 사람들과 연결되어 있다는 것을 모르고 있는 탓이다. 그러나 이는 명백한 착각이다. 한 사람의 고객을 어떻게 관리하느냐에 따라서 사업의 방향이 완전히 달라질 수 있음을 명심해야 할 것이다.

신의 한 수,
어깨동무 프로그램

앞서 말했듯 나는 창업을 할 때 어깨동무 프로그램 한 개를 구입했고, 지금까지 약 10개 정도를 추가 구매해 현재도 운영하고 있다. 고객과 접촉하고 있는 모든 직원의 자리에는 어깨동무 프로그램이 기본적으로 세팅되어 있다. 고객이 전화 상담했던 내용들이 어깨동무 프로그램에 모두 정리되어 있고, 이런 고객들을 다양한 주제별로 소분류해서 관리를 해나가고 있다.

나는 창업 초기부터 고객들에게 걸려오는 상담전화, 주문전화, CS접수 등 다양한 정보를 고객관리 프로그램에 철저하게 기입했다. 이렇게 해두면 고객으로부터 다시 전화가 걸려올 때 그 고객들의 정보가 프로그램에 자동으로 뜨기 때문에 고객 응대를 훨씬 유연하게 할 수 있다. 나를 포함한 우리 회사 직원들은 기존 고객에게 전화가 오면 프로그램에 뜨는 고객의 정보를 파악하고는 고객 이름을 반갑게 부르면서 인사를 하고 상담을 시작한다. 그런 뒤에는 예전에 상담했던 내용을 보면서 고객에게 친숙하게 다가가는 전략을 구사한다.

이처럼 프로그램에 한번 등록된 고객으로부터 전화가 올 때 이를 놓치지 않고 예전에 상담했던 내용을 다시 한번 언급하면서 고객과의 공감대를 형성하고, 내가 고객을 관심있게 바라보고 있다는 것을 각인시켰다. 그렇다 보니 고객은 자신을 알아봐주고 친절하게 상담을 하는 나에게 신뢰감이 생겨 전화로 상담만 하려다가 주문을 확정하는 경우가 늘어나기 시작했다

이런 시스템은 사실 일반적인 콜센터에서 하는 업무랑 다를 것이 없다. 고객은 생각지도 않게 알아봐주는 인사에 당황하면서도 내심 기분이 좋을 것이다. 이는 우리 회사를 다른 회사랑 다른 큰 회사처럼 느끼게 하고, 프로 같은 모습을 보이게 하는 전략이었던 것이다. 어깨동무 프로그램에 고객의 정보와 상담 내용을 기록하면 할수록 고객이 항상 내 곁에 있다는 느낌을 갖게 된다.

현재 우리 회사 어깨동무 프로그램에 등록되어 있는 고객 데이터는 4만 개가 넘는다. 우리는 지금도 고객의 작은 소리를 기록하고 고객의 문제점을 해결하려고 노력한다. 고객관리는 대기업이 하는 것이 아니고 1인 소기업 창업가들이 꼭 해야 되는 것이다. 영

업직에 종사하는 1인 영업사원조차도 고객관리에 최선을 다하고 있다는 것을 생각해보면, 사업을 하겠다고 창업하는 사람들에게는 절대적으로 해야 될 일이다.

사실 이렇게 확보된 고객의 데이터는 어떠한 광고, 홍보 전략보다 더 강력한 마케팅 무기가 되어줄 수 있다. 고객의 정보를 정확하게 알고 있는 회사만이 가질 수 있는 힘인 것이다. 요즘 창업을 하는 사람들은 인터넷을 기반으로 하는 시스템을 활용해서 고객들에게 주문 받는 방식이 당연하다고 생각한다. 하지만 반대로 생각해보면 이런 인터넷 시대에 오히려 고객들에게 보다 더 적극적으로 상담을 하고 감사를 전하는 인간적인 목소리로 다가가는 것이 어떻게 보면 더 강력한 무기가 될 것이다. 이런 기본적인 방식이 차별화처럼 느끼게 되어 고객들의 마음을 흔들어 줄 수 있는 요소가 될 것이다.

고객은 사람이 관리하는 것

내가 창업 첫 해에 자본금의 100배 매출을 올렸었던 이유 중에 하나를 꼽는다면 '철저한 고객관리'라고 지금도 자신있게 얘기한다. 고객관리 시스템의 핵심 목적은 고객들의 강력한 입소문 마케팅을 유발하는 데에 있다. 어떠한 업종이라도 한 명의 고객이 다른 고객을 끌고 오는 전략은 최고의 마케팅일 것이다. 현재 하고 있는 사업에서 나를 찾아주는 충성고객이 있는지 다시 한번 생각해보고, 만약 충성고객이 없다고 생각하면 지금이라도 당장 고객관리 프로그램을 설치한 다음 고객들을 관리하려고 노력해야 한다.

아무리 세상이 발전하고 모든 것이 디지털화되면서 시스템이 좋아졌어도, 시스템이 고객을 관리하는 것이 아니고 사람이 직접 고객을 관리하는 것이다. 고객은 시스템, 상품으로 감동을 받지 않는다. 사람의 행동, 마음을 통해서 감동을 받음을 잊어서는 안 될 것이다.

100명의 충성고객을 반드시 만들어라

충성고객을 만들 수 있느냐 없으냐가 사업의 핵심이다

나는 회사를 운영하면서 많은 좋은 일들을 경험했다. 수많은 경험들 중에 그래도 가장 뜻깊었던 경험은 아무래도 고객들이 또 다른 고객을 소개시켜서 매출이 발생했을 때일 것이다. 그 이유는 우리 회사가 그 고객에게 어떤 감동을 주었으므로 그 고객이 본인이 받았던 감동을 또 다른 사람들에게 전달하여 회사를 홍보해주었기 때문이다.

많은 광고비를 집행하면서 광고비 금액에 따라 주문이 들어오는 건수가 늘어나는 것에는 그다지 기쁨과 보람이 없지만(왜냐하면 주문 건수에 맞게 그만큼 광고비용을 지불한 것이므로) 고객이 또 다른 고객을 입소문으로 소개해서 주문이 이뤄지는 것은 광고하고는 비교할 수 없을 정도의 감동을 준다. 사업을 하는 사람이라면, 반드시 이러한 입소문 사례를 만들려고 해야 하고, 이런 감동적인 기분을 느껴야 한다.

하지만 주변에 인터넷으로 창업하신 분들은 이런 감동을 전혀 느끼지 못하는 것 같다. 쉽게 말해서 인터넷 창업은 고객과의 접점이나 소통할 수 있는 기회보다 어떻게 하면 내 상품을 키워드로 쉽게 검색되도록 해서 상위 노출을 하느냐 하는 기법에만 몰두하기 때문이다. 이들은 이런 것을 주로 사업의 핵심으로 여긴다. 그렇다 보니 인터넷으로 창업하는 사람들은 이런 종류의 기법이 먹히지 않는다고 하면 사업에 흥미를 잃고 쉽게 폐업하는 경우가 많다.

그러나 내 생각은 다르다. 사업은 외형적 매출에 대한 성장도 중요하지만 우리 회사에 충성도가 높은 고객들을 점점 만들어가는 과정도 중요하다고 생각한다. 그렇기에 충성고객을 만들려고 하는 생각과 노력을 꾸준하게 실행해야 한다.

충성고객은 왜 필요할까?

사업을 하는 사람이면 누구나 힘든 시기를 겪게 된다. 힘든 시기를 한 번이라도 경험해 본 사람은 그 기간이 얼마나 괴로운지 알 것이다. 이런 어려운 상황을 헤쳐 나가려면 나를 도와줄 수 있는 진정한 충성고객이 필요한 것이다. 지금 이 순간도 내가 언제든지 바로 전화를 해서 상담을 나눌 수 있는 편안한 고객이 얼마나 있는지를 생각해보자. 만약 이 질문에 생각나는 고객이 바로 떠오르지 않는다면 내가 하고 있는 사업은 잘못된 것이다.

충성고객은 쉽게 말해서 단골이다. 단골이란 언제든지 마음 편하게 이런저런 얘기를 나누고 서로 안부를 물을 수 있는 가까운 사이인 것이다. 이런 사이좋은 단골 100명을 만들려고 노력해야 한다.

충성고객은 사업에 많은 도움을 준다.

첫 번째, 소모성 제품을 판매할 경우 충성고객은 꾸준하게 특정 기간에 맞춰서 재구매할 확률이 높다. 쉽게 말해서 안정적인 고정 매출을 만들 수 있다.

두 번째, 충성고객을 통해서 우리는 많은 정보를 얻을 수 있다. 인터넷을 통해서 쉽게 검색되는 자료들, 수많은 정보들은 진정 내가 사업하는 데 있어서 중요한 핵심 정보는 아니다. 실질적인 핵심 정보는 고객들 사이에서 얘기하고 돌아다니는 정보이다. 그렇다 보니 내 사업에 아이템별 또는 지역별로 충성고객이 확보된다면 나는 언제든지 전화해서 의견과 조언을 들을 수 있다. 심지어 어떤 충성고객은 나에게 문자나 전화를 해서 이번 달에 우리 지역에서 공동구매를 계획한다든지 또는 우리 시에서 어떠한 지원이 나온다든지 등 다양한 정보를 직접 알려주는 경우도 있다. 이런 정보는 타이밍이 중요하기 때문에 바로 타깃 마케팅을 할 수가 있다.

세 번째, 충성고객이 가장 중요한 이유는 우리를 대신해 입소문 마케팅을 해줄 수 있기 때문이다. 수많은 마케팅 전략이 있지만 그 중에서도 소기업이 가장 중요하게 생각해야 될 마케팅은 바로 입소문 마케팅이라고 생각한다. 고객들의 입소문은 엄청난 파급 효과를 나타낸다. 고객 한 명의 네트워크가 어디와 연결될지 우리는 전혀 알 수 없기 때문에 무시무시한 것이다. 우리 회사에 감동을 받은 고객들은 본인의 얘기를 맘카페, 블로그, SNS 등 다양한 경로를 통해서 알리고 싶어 한다. 역으로 얘기하면, 서비스에 한번 불만을 품은 고객의 영향력도 엄청나게 퍼져 나갈 수 있다는 것이다. 충성고객의 입소문은 우리가 큰 투자비용을 들여서 만든 광고보다도 훨씬 더 강력한 전파력이 있다. 그렇기에 충성고객 확보가 그만큼 중요하다.

충성고객을 만드는 타이밍

충성고객은 이처럼 중요하므로 사업하는 이라면 반드시 확보하기 위해 끊임없는 노력을 기울여야 한다. 그럼 어떻게 충성고객을 만들고, 고객을 통한 입소문이 나도록 해야 할까?

고객들은 대개 어느 회사의 제품과 그 회사의 서비스를 구매하면서 엄청나게 큰 것에는 그다지 감동하지 않는다. 솔직히 요즘 만들어지는 제품들은 하나같이 제품 퀄리티가 좋다. 예전처럼 대기업 제품이 최고로 좋다는 인식은 없어진 지 오래됐다. 이제는 훌륭한 중소기업 제품들이 주변에 널려 있다. 내가 사용하고 있는 주변 제품을 둘러봐도 국내외 가릴 것 없이 다양한 브랜드이다. 이 말은 즉, 제품으로 고객을 감동시키는 시대는 지났다는 얘기다.

고객은 주문을 확정하는 시점부터 문제가 생겼을 때 해결하는 것까지 모든 상황을 보고 기업을 판단한다. 고객이 상품구매 결심을 하고 주문이 확정되는 순간 그들은 본인이 구매한 것에 대한 기대감을 가지게 된다. 이때가 가장 기분이 좋다는 얘기다. 고객이 주문하는 이 시점에 우리는 적극적으로 고객에게 어필을 해야 한다. 가장 쉬운 방법은 고객과 전화를 통해서 상품을 구매해주셔서 감사하다는 인사와 제품에 혹시 문제가 생겼을 때 걱정하지 말고 언제든지 전화해달라는 당당한 모습, 그리고 마지막으로, 사용하면서 만족했다면 주변에 꼭 소개를 부탁드린다고 인간적인 말로 요청하는 것이다. 사람은 누군가에게 부탁과 요청을 받으면 심리적으로 들어줘야 된다는 생각을 가지게 된다. 이런 심리를 잘 활용하면 되는 것이다.

하지만 이것보다 가장 중요하게 생각해야 될 것은 CS가 발생되었을 때 처리해주는 태도이다. 고객은 어떠한 문제가 생겼을 때 그것을 신속하게, 빠르고 멋지게 해결해주는 서비스를 기대할 것이다. 큰 기업들은 자체 서비스 콜센터를 운영하고 있지만, 작은 기업은 이런 시스템을 운영하지 않기 때문에 불편한 일처리라고 담당자들은 생각한다. 하지만 이것이 내가 남들과 다르게 어필할 수 있는 최고의 찬스이다. 고객이 우리 회사에 전화해서 제품 문제, 서비스 문제를 요청한다는 것은 아직까지 우리 회사에 대한 인식과 기대감을 가지고 있다는 것이다.

솔직히 고객이 요청하는 문제점은 해결하지 못하는 것이 없다. 하지만 우리는 바쁘다는 핑계, 돈이 안 된다는 이유로 쉽게 넘어가려고 하는 경우가 있다. 고객의 문제를 적극적으로 해결해주려고 노력하는 모습. 이것이 우리 회사를 알릴 수 있는 최고의 마케팅 전략인 것이다.

고객에게 준비가 되어 있는 회사

나는 고객들에게 우리 제품이 아닌 다른 제품이라도 사용하면서 불편하거나 문제가 있을 때는 우리 회사에 연락을 하게끔 유도한다. 이런 서비스는 고객이 어려워하는 문제를 기업이 해결해줄 수 있다는 믿음을 갖게 함으로써, 해당 고객을 충성고객으로 만들 확률을 엄청나게 높인다. 그리고 이런 고객들은 우리 회사의 연락처나 카카오톡 등을 저장해놓기 시작한다. 이 전략은 돈이 들어가는 것이 아니다. 이런 마인드를 가지고 고객을 대하는 회사는 고객들이 프로라고 생각할 것이다. 하지만 단순하게 문제를 처리하는 데만 집중된 회사는 고객들도 아마추어라고 느낄 것이다.

우리는 사업을 하면서 수많은 직원들을 채용하게 된다. 고객에게 문제를 해결해주는 일에 최선을 다하고 CS가 발생했을 때가 기회라고 교육해야 한다. 이런 것에 중요함을 느끼지 않고 성의 없이 처리하는 직원은 고객과 상담을 하면 할수록 우리 회사를 나쁘게 입소문 나게 하는 장본인이 될 것이다. 주문이 이뤄질 때보다 더 중요한 CS가 발생했을 때 기회가 왔다고 생각하고 프로같이 일을 처리하려는 모습에 고객은 감동할 것이다.

고객을 바라보는 자세

모든 업무는 고객 중심적이어야만 한다

처음 창업을 시작하는 소기업 사장들은 모든 것을 혼자 해야 한다. 본인이 그동안 경험했던 모든 역량을 십분 발휘해서 회사를 운영해 나가야 한다. 사장들은 본인이 가장 잘 알고 자신 있어 하는 전공이 있다. 그렇다 보니 회사의 방향은 사장들이 가장 잘하는 방식으로 결정해 운영하게 된다. 개발을 잘하는 사장은 시스템을 개발하는 데 우선이고, 마케팅을 잘하는 사람은 마케팅 기획이 우선이며, 경영을 배운 사람은 관리 업무에 초점을 두게 된다.

나는 사장들이 어떤 업무부터 시작을 하든 간에 그 업무의 핵심은 고객이 중심이 되어야 된다고 생각한다. 아무리 좋은 시스템을 개발한다고 해도 그 핵심 내용은 고객이 가장 원하는 것, 고객의 문제를 해결할 수 있는 시스템이어야만 한다. 고객의 입장에서 시스템을 개발하지 않고 단지 시스템의 완성도만 생각한다면 그것은 완전 실패하게 된다.

홈페이지를 만들더라도 고객의 눈높이에 맞게 텍스트 크기, 디자인, 내비게이션 구성 등이 맞게 세팅되어야 한다. 예를 들어, 내가 생각하고 있는 고객층 나이가 50대이고 외부활동이 많으며, 컴퓨터를 다루는 것에 능숙하지 않다고 가정해보자. 그러면 우리는 고객의 상담을 편하게 유도할 수 있도록 전화번호를 눈에 띄게 홈페이지 메인에 노출하고, 간편하게 주문할 수 있는 시스템, 그리고 홈페이지를 어지럽지 않게 아주 단순화해서 직관적으로 만들어야 한다. 고객이 중심이 되어야 한다는 것이다.

회사에서 생겨나는 문제들 중에 가장 중요한 것은 고객에게 발생하는 문제일 것이다. 하지만 의외로 창업을 하는 사람들 중에 고객에게 신경을 쓰지 않고 다른 것을 집중하는 경우가 많다. 이런 경우를 옆에서 지켜보면 너무 답답하다. 모든 해답은 사실 고객에게 있는 것이다. 단순하게 생각을 해봐도 고객이 필요한 것을 맞춰주는 것이 문제 해결에 있어서 제일 쉬운 솔루션이다.

그러려면 고객을 알려고 해야 하며, 사장, 직원, 모든 사람들이 고객에게 빠져 있어야 한다. 고객이 없는 회사는 팬이 없는 야구와 똑같은 것이다. 고객을 나의 팬으로 만들기 위해선 자나 깨나 고객 생각만 해야 한다. 아무리 좋은 시스템을 갖추고 있어도 고객이 불편하면 아무 의미가 없다. 고객이 진정 원하는 것은 좋은 시스템보다 고객을 생각해주는 마음일 것이다.

고객이 반응하는 것을 찾아야 한다

그럼 우리는 고객의 마음을 읽기 위해서 무엇을 해야 하나 고민해봐야 한다. 우리가 무언가를 제안했을 때 고객의 반응이 온다는 것은 고객의 마음이 긍정적으로 바뀐다는 뜻이다. 고객이 반응하는 것을 찾으려면 우리는 고객에게 많은 대시를 해야 한다. 남자가 마음에 드는 여자에게 환심을 사기 위해선 자신이 가지고 있는 여러 장점과 멋진 모습을 어필해야만 여자도 관심을 갖고 반응을 보일 것이다.

고객도 마찬가지이다. 고객이 원하는 것을 우리는 한번에 알 수가 없기 때문에 고객에게 다양한 것을 제안해보고 어필해야 한다. 그 말은 고객과 접촉할 수 있는 횟수를 수단과 방법을 가리지 않고 늘리는 것이 가장 중요하는 이야기이다. 고객은 우리에게 스스로 찾아와서 필요한 것을 직접 얘기하지 않는다. 그렇기 때문에 고객의 말을 끌어내기 위해선 계속적인 접촉이 필요하다. 고객의 마음을 열 수 있게 계속 두드려야만 한다. 이런 노력이 우리가 고객에게 해야 할 가장 중요한 업무인 것이다.

요즘은 고객의 반응을 끌어내기 위해 다양한 기법을 사용한다. 특히 온라인에서 고객들에게 미끼가 될 만한 소책자나 PDF 파일 같은 것을 활용해서 잠재고객들의 반응을 찾아낸다. 그리고 잠재고객의 DB를 활용해서 2차 마케팅을 한다.

하지만 아무리 좋은 기법도 고객들의 반응을 이용해서 나의 물건을 판매하려고 하는 상술을 부리면 안 된다. 회사는 고객들이 정말 필요로 하는 것을 충족시켜주려고 하는 진정성 있는 마인드를 갖춰야 한다.

고객의 문제를 찾고 해결하면 사업은 확장된다

이 세상 모든 사람은 고객이다. 고객은 스스로 필요한 것을 위해서 돈을 지불한다. 내가 이동수단으로써 자동차가 필요할 경우에는 비싼 돈을 주더라도 구매한다. 절대 의미 없이 돈을 지불하고 이유 없이 구매하는 것은 없다. 고객이 필요로 하거나 어려워하는 문제를 해결하는 데에 우리는 집중해야 한다.

단순한 제품을 구매할 경우에도 고객은 많은 고민을 한다. 이 제품이 정말 괜찮을까, 사용하면 효과가 있을까, 광고에서 보여진 것처럼 가능할까 등 많은 걱정을 한다. 과장 광고를 보고 구매한 고객은 절대 그 회사 제품을 다시 이용하지 않을 것이다. 고객은 회사가 진정성 있게 도와준다는 마음을 전달할 때 마음의 문을 열 것이다.

우리 회사는 어린이집, 유치원, 학교, 공공기관을 대상으로 고객들과 많은 소통을 하고 있다. 그 고객들 대부분은 여성이다 보니 소독기와 같은 기계 제품에 대한 관리와 AS 처리하는 방법에 어려움을 겪고 있다. 나는 고객들이 무엇을 어려워하고 힘들어하는지를 소통을 통해서 알고 있기에 우리 회사에서는 해결 방법을 찾아

고객들에게 무료 AS상담 서비스를 하고 있다.

우리 회사는 수많은 소독기 제조 기업들에서 생산하는 모든 제품의 AS 상담, 접수, 처리 업무를 도와주고 있다. 이런 서비스를 위해 전국 대표번호를 만들었고, 홈페이지, 카카오톡 채팅을 통해 언제 어디서나 상담을 도와드린다.

물론 이런 서비스만으로는 우리 회사의 수익이 전혀 발생하지 않는다. 하지만 이런 서비스로 인해 고객 만족도가 높아짐으로써 우리 회사의 가치를 동시에 높이고 고객들이 우리 회사 제품을 적극 구매할 수 있는 장점이 된다. 당장 눈앞에 이익보다 고객과의 관계를 꾸준하게 가고자 하는, 우리 회사가 가지고 있는 남다른 서비스 전략인 것이다.

내가 하고 있는 이런 서비스는 사실 대단한 것은 아니다. 하지만 다른 누군가는 전혀 관심을 갖지 않고 있기 때문에 우리 회사가 남달리 보일 수 있는 기회가 되는 것이다. 이렇게 고객의 문제를 해결하려고 노력하다 보니 생각지도 않은 사업확장 기회가 생기기도 한다. 소독기에 필요한 램프의 주문이 기존보다 20배 이상 증가했고, 관리서비스 사업도 진행하게 되었다.

다른 예로 우리 고객들 중에 상품을 구매하고 찾는 데 상당한 시간을 소비해야 하는 것에 어려움을 느끼는 고객이 많았다. 그래서 우리는 고객들이 필요로 하는 제품을 구매대행에서 납품까지 하는 서비스를 하고 있다. 이것도 대단한 서비스는 아니지만 고객을 관리하는 회사 입장에서는 고객들의 만족도를 높여줄 수 있는 관리 방법이 될 것이다. 물론 고객 주문을 대신해주지만 우리에게는 당연히 매출도 발생하게 된다. 이렇게 고객을 위한 서비스를 제안하는 회사와, 어떠한 행동도 하지 않는 회사 사이에는 시간이 가면 갈수록 많은 차이를 보일 것이다.

고객과의 관계는 사랑이다

우리는 사랑하는 사람에게 아낌없이 베풀고 주려고 한다. 마음이든 선물이든 계속 주고 싶어진다. 사랑이 없는 관계는 절대 마음으로 전할 수가 없다. 고객을 진심으로 사랑하는 마음으로 상담을 하고 애정을 주게 된다면 고객도 우리를 사랑할 것이다. 이런 마음이 있는 사장이나 직원은 절대 고객에게 함부로 하지 못하고, 내가 사랑하는 사람처럼 무언가를 챙겨주고 싶어진다. 너무 낯 간지러운 말일 수 있지만, 이런 마음을 갖는다는 것은 쉽지 않다. 고객에 대한 마인드 구축을 한 사장과 관심이 없는 사장의 미래는 극과 극으로 나타날 수밖에 없다.

5장

사업에서 실패하지 않는 마케팅

소독기 판매에서 무료교육 프로그램으로 연 10억 시장을 만들다

남들과 똑같은 시작, 그러나 다른 경로를 밟다

내가 창업한 큐앤아이는 위생과 안전제품을 기반으로 성장하는 회사다. 수많은 위생제품들 중에 자외선 살균 소독기 제품도 판매 중이다. 자외선 살균 소독기는 우리 주변에서 쉽게 찾을 수 있는 제품으로, 식당이나 휴게소는 물론이고 어린이집, 유치원, 학교, 병원 등 다양한 곳에 비치되어 있다. 자외선 살균 소독기가 소독하는 것은 여러 가지다. 용도에 따라 컵, 칼, 도마, 행주같은 요식업장의 제품부터 책, 장남감 등까지 소독할 수 있는 제품도 있다.

내가 관리하고 있는 어린이집, 유치원에서도 주방 및 교실에서 다양한 소독기들을 사용하고 있었기에 많은 유통회사들과 경쟁을 하면서 판매를 하고 있었다. 특히 우리 회사는 '위생을 전문으로 하는 회사'라는 포지션으로 시작했기에 자외선 살균 소독기에 대한 판매량이 다른 회사들보다 많은 편이었다.

그런데 시간이 지날수록 고객들과 소독기 상담을 하면서 느껴지는 한 가지 사실이 있었다. 자외선 살균 소독기를 쓰는 고객들이 정작 소독기에 대해서는 정확히 모르고 있고 또 사용법을 어려워한다는 사실이었다.

자외선 살균 소독기를 유통하고 있는 나는 제품에 대해 정확히 숙지하고 있었다. 내가 정확히 제품을 알아야 판매할 수 있다고 생각하기 때문이다. 그래서 나는 자외선 살균 소독기의 사용법이 너무나 간단하다는 점, 그리고 관리가 전혀 까다롭지 않다는 것을 배워서 잘 알고 있었다. 그러나 여성 고객들은 달랐다. 자외선 살균 소독기가 아무래도 전기, 기계 제품이다 보니 두려움이 있었던 것이다. 나는 이 점에 착안했다.

상담을 통한 고객들의 문제점 파악

나는 자외선 살균 소독기 판매를 하면 할수록 소독기에서 가장 중요한 살균을 담당하는 자외선 살균 램프에 대한 수요가 엄청나게 많을 것이라고 생각했다. 하지만 현실은 달랐다. 소독기에서 가장 중요한 살균 램프는 적정 시간을 사용하면 교체해야 되는데, 소독기 판매량에 비해서 소모품인 램프 주문이 거의 일어나지 않았다. 사실 고객들이 살균 램프를 언제 교체하는지, 어떻게 관리하는지를 전혀 몰랐던 것이다.

2009년 신종플루 바이러스가 퍼졌을 때 손 소독기가 엄청나게 많이 팔렸지만, 정작 손 소독제는 기대했던 만큼 리필 주문이 이뤄지지 않은 현실과 비슷한 흐름이었다. 상담을 하면 할수록 살균 램프 교체 방법, 구매 방법, A/S는 어떻게 하는지 등 정말 다양하게 물어보는 것이었다. 처음에는 고객들이 왜 이렇게 간단한 것을 모를까 했는데, 전자기기에 대한 여성들의 막연한 저항감, 어렵다는 선입견 등이 존재한다는 것을 알게 된 후로는 이 부분을 공략하기로 했다.

그래서 이후 나는 소독기에서 가장 중요한 살균 램프 관리법 및 소독기의 올바른 사용법, 소독기에 문제가 생겼을 때 해결하는 방법 등을 알려드려야겠다고 생각했다. 원인이 파악되자 당장 실행에 옮겼다. 시설 규모가 꽤 큰 어린이집, 유치원을 대상으로 원장님, 선생님들에게 자외선 살균 소독기 무료 위생교육을 하기로 마음먹었다.

판매자가 위생교육을?

나는 곧장 기존 고객들을 대상으로 교육을 진행했다. 교육 내용은 자외선 살균 소독기 구조부터 살균 램프의 중요성과 교체 주기,

소독기 제대로 쓰는 방법과 램프 교체 방법 등이었다.

원장님, 선생님들의 반응은 매우 좋았다. 한 원장님은 나에게 "아니, 자외선 살균 소독기만 파는 줄 알았더니 위생교육도 하시네요? 판매자가 이런 교육을 하는 사람은 처음 봅니다" 하면서 감동을 받았다고 했다.

교육 내용이 주로 전자기기를 좀 더 위생적으로 관리하고 램프를 교체해야 할 필요성, 램프 교체 시기의 중요성 등 자외선 살균 소독기를 최대한 효율적으로 쓸 수 있는 방법으로 이루어지다 보니, 교육을 받은 원장님들은 살균 램프의 중요성을 자연스럽게 인지하기 시작했다. 그러다 보니 살균 램프 주문 수량도 점점 늘어났다.

하지만 나는 곧 한계에 부딪치고 말았다. 우리 회사가 타깃으로 하는 곳이 전국에 넓게 퍼져 있었고, 그 수만도 4만여 군데였기에, 그 많은 어린이집, 유치원을 대상으로 내가 일일이 찾아가 직접 교육을 할 수 없었던 것이다. 위생교육에 대한 고객의 니즈는 있으나, 내 주된 업무 시간을 다 할애해도 고객들을 다 찾아갈 수 없었다.

'듣도 보도 못한' 위생교육 프로그램을 개발하다

어떻게 하면 전국에 있는 어린이집, 유치원을 대상으로 위생교육을 전파할 수 있을까를 고민하는 와중에 위생 안전을 관리하는 공공기관이 있다는 것을 알게 되었다. 나는 공공기관에 근무하는 선생님들이 어린이집, 유치원 등을 방문하면서 위생점검을 한다는 것을 알았기 때문에 이 선생님들을 대상으로 소독기 위생교육을 하면 시설에 있는 원장님, 조리사님들에게 정확한 정보가 전달될 것이라고 생각했다.

"바로 이거야!"

나는 무릎을 쳤다. 나는 자비를 들여 소독기 위생 교육 프로그램을 만들기 시작했다. 그리고 이 프로그램을 공공기관에 들고 가 위생교육 프로그램을 제안했다. 하지만 내 예상과 달리 두 달이 지나도록 어떠한 공공기관에서도 교육을 신청하는 곳이 없었다. 공공기관의 교육 프로그램 아이디어를 내고 실제 프로그램을 만들 때까지만 해도 나는 사실 많은 요청이 있을 거라고 예상했다. 왜냐하면 내가 어린이집에 직접 방문해서 했던 교육이 엄청 반응도 좋고 나 자신조차도 교육에 대해서는 자신감이 있었기 때문이다.

두 달이 조금 지난 시점에 공공기관 한 군데에서 처음으로 위생교육 신청이 들어왔다. 그리고 일주일이 지난 후 또 다른 곳에서도 교육 신청이 들어왔다. 그래도 매우 저조한 반응에 내심 실망하고 고민하고 있었는데, 나중에 그 이유를 알게 되었다. 이런 위생교육 제안을 받은 적이 난생처음이었다는 것이다. 한마디로, 듣도 보도 못한 제안이었다는 이야기다. 그러니 위생교육 프로그램이 정확히 무엇인지조차 몰라 신청을 못했다고 했다.

역제안을 받다

나는 교육을 요청한 공공기관 선생님들을 대상으로 1시간 정도 위생교육 강의를 진행했다. 처음에 선생님들은 무슨 소독기 교육을 한 시간씩이나 하냐고 하면서 의아해했다. 사실 누구나 받을 수 있는 간단한 교육이고 별 내용이 없을 것이라고 생각할 수도 있다, 그러나 반드시 필요한 것이 또 '위생 교육'이었다.

나는 전국적으로 지역을 가리지 않고 열심히, 무료로, 위생 교육 강의를 하러 다녔다. 부산에서 요청해도 무료로 직접 찾아가 하루에 2타임 교육도 진행했다. 한 번은 기관 팀장님께서 "이렇게 감사하게 교육을 해주는데 어떻게 큐앤아이 회사와 거래를 안 할 수 있냐"고 하면서 나보고 대단한 사장이라고 했던 기억이 난다.

열심히 하다 보니 전국적으로 소문이 나기 시작했다. 수많은 공공기관 선생님들에게 교육을 하면 할수록 이런 위생교육을 원장님, 조리사님들이 받으면 좋을 것 같다는 의견들을 많이 주셨다. 그러다 보니 어느새 공공기관으로부터 어린이집, 유치원 원장님, 조리사님들을 대상으로 하는 단체 위생교육을 해달라는 요청이 오기 시작했다. 내가 처음에 직접 찾아가 교육했던 유아교육시설을 이제는 거꾸로 공공기관에서 내게 역제안해오게 된 것이다.

그렇게 해서 나는 생각지도 않게 내가 관리하는 어린이집, 유치원 시장의 고객들을 자외선 위생 교육으로 한 번에 만날 수 있는 접점 기회를 얻게 되었다. 내가 할 수 없는 일을 기관에서 대신 섭외해서 자리를 만들어주는 셈이 된 것이다.

그렇게 해서 나는 당연히 지역마다 적게는 30개에서 많게는 150개 시설에 근무하는 원장님, 조리사님을 대상으로 위생교육 강의를 진행하게 되었다. 그럴수록 나와 고객의 접점 역시 점점 늘어나게 되었다.

고객 매출 20배가 증가하다

전국을 다니면서 어린이집, 유치원에 근무하는 종사자님, 그리고 공공기관에 근무하는 선생님들을 대상으로 미친 듯이 강의를 했다. 이 강의는 어떤 회사, 어떤 누구도 할 수 없는, 내가 만든 나만의 독보적인 프로그램 강의였던 것이다. 나는 고객들에게 자외선 살균 소독기의 살균 램프의 중요성과 교체 주기, 방법, AS가 발생했을 때 해결해 줄 수 있는 우리 회사만이 가지고 있는 장점을 설명하기 시작했다.

단체 교육을 통한 강의가 점점 많이 이뤄질수록 고객들은 우리 회사를 단순한 판매회사가 아닌, 정보를 전달하는 전문가적인 포지션으로 인식하기 시작했다. 그리고 강의를 하면 할수록 소모품인 살균 램프의 매출이 20배 넘게 올랐다.

내가 만든 위생교육 프로그램을 통해서 약 3,000명의 종사자들에게 우리 회사를 알릴 수 있는 기회가 됐고, 이는 결국 우리 회사만의 독점적이고도 강력한 마케팅 전략이 되었다.

공공기관을 대상으로 영업할 생각을 하다니…

2년 만에 연 10억짜리 시장 확보

나는 공공기관에서 근무하는 선생님들을 대상으로 내가 가진 경험적 지식과 정보를 공유하고자 1시간의 무료 위생교육을 진행하면서 좋은 신뢰를 쌓게 되었다. 많은 회사들은 고객에게 신뢰를 얻기 위해서 다양한 이미지 광고 등 엄청난 비용을 들여서 마케팅을 하고 있었다. 하지만 나는 남들이 하지 않는 독창적이고 독보적인 위생교육 프로그램을 통해서 고객들에게 신뢰를 얻을 수 있는 기회를 만들었고, 자연스럽게 거래 관계까지 형성이 되기 시작했다. 어떻게 보면 회사 입장에서 고객에게 1시간 동안 우리를 알릴 수 있는 좋은 기회를 얻은 셈이다.

혹자는 이런 나를 보고 이렇게 말하기도 한다.

"아니, 나는 공공기관에 세금밖에 낸 게 없는데, 임 사장님은 공공기관 대상으로 10억을 벌었어요?"

그러나 발상의 전환만 한다면 타깃으로 삼을 만한 시장은 어디에나 있다. 나는 위생교육 프로그램을 통해서 2년 만에 공공기관을 대상으로 연 10억 매출 시장을 만들었다. 그리고 지금도 이 교육 프로그램을 꾸준하게 전파하고 있다. 처음 이 위생교육 프로그램 아이디어를 냈을 때 회사 직원들뿐만 아니라 주변 누구도 호응하는 반응이 없었다. 이유는 별 내용도 없고 대단한 것도 아니며, 누구나 다 알려줄 수 있는 거라고 생각했기 때문에 가볍게 생각했기 때문이다. 하지만 나는 남들이 보기에 작은 부분일지라도 고객들이 불편해하고 어려워하는 것을 해결하려고 생각했고, 나만의 전략으로 실행에 옮겼기 때문에 이런 강력한 마케팅 결과를 얻을 수 있었다.

고객과의 상담에서 신규시장 개척까지

혹시 도마에 인쇄가 되나요?

사업하는 사람이 중점을 두어야 할 가장 중요한 자세는 사업을 하는 도중에도 꾸준히 새로운 시장을 찾으려고 노력하는 일일 것이다. 아무리 내가 기존 시장을 선점한 선두주자라 할지라도 그 자리에 머물러 있으면 후발주자들과의 경쟁에서 뒤처질 수 있는 데다 역전을 당할 수도 있다.

그러나 새로운 시장을 개척하라는 이야기는 말은 쉬우나 실행하기는 어려운 일이다. 새로운 시장에 진입하려면 시장분석, 고객분석 등 다양하게 리서치를 해야 하고, 신규 시장에 합당한 새로운 전략을 개발해야 하기 때문이다. 내게도 이 일은 여간 어렵지 않다.

20XX년 큐앤아이가 궤도에 오르자 나 또한 신규 시장 확장을 고민하게 되었다. 그러던 중 어느 날 우연히 공공기관으로부터 연락이 왔다. 우리 홈페이지를 보고 판매 중인 사탕수수로 만든 친환경 도마를 납품받고자 견적을 요청해온 것이다. 그러면서 주문해온 담당자는 혹시 도마에 인쇄를 해서 납품해 줄 수 있겠는지를 물어왔다.

당시 나는 이런 요청을 처음 받았기에 당황할 수밖에 없었다. 사실 그때까지 '인쇄'를 해본 적이 전혀 없었던 것이다. 나는 담당자에게 물었다. "도마에 인쇄를 하면 위생적으로 좋지 않고 분명히 세척을 하면 지워질 것 같은데, 그래도 인쇄를 원하십니까?" 그러나 담당자는 기관이 구매해서 지원품으로 나가는 것이므로 기관의 로고가 들어가야 한다고 답했다. 일종의 정부기관 홍보물로 도마를 쓰는 셈이었다.

나는 도마에 인쇄를 한다는 것이 아무리 생각해도 이해가 안 갔고 방법도 전혀 떠오르지 않았다. 그동안 내가 판매를 하는 시장에서는 이렇게 납품을 한 적도 없는데 '공공기관은 왜 이토록 까다롭지?' 하는 생각마저 들었다. 그러나 고객의 요구 사항을 접수한 이상 당연히 길을 찾아야 했다. 일단 담당자께 알아보고 연락을 드린다고 하면서 전화를 끊었다.

레이저인쇄기를 덜컥 구매하다

나는 인터넷으로 인쇄가 가능한 방법을 찾아보기 시작했다. 조사를 하면 할수록 수많은 인쇄 방식이 있다는 것을 알았고 도마에 인쇄하기 적절한 인쇄 방법을 찾았다. 바로 '레이저인쇄'였다. 곧바로 레이저인쇄기를 제조하는 업체를 찾아 돌아다니기 시작했다.

첫 번째 레이저인쇄기 제조업체를 찾아 내가 판매하고 있는 사탕수수 도마를 직접 가져가서 테스트를 해보았다. 그런데 생각보다 인쇄가 잘 되질 않았다. 두 번째 회사를 방문했다. 이곳의 대표님은 물질의 특성에 따라서 레이저인쇄가 잘될 수도 있고 안 될 수도 있다고 설명해주면서 내가 가져간 도마에 최적화된 조건을 맞춰서 인쇄를 시도했다. 결과는 예상보다 괜찮게 나왔다.

레이저인쇄기가 인쇄되는 과정을 지켜보니 너무 신기하고 재밌었다. 업체 대표님과 얘기를 나누는 중에 공장 한쪽 구석에서 인쇄 테스트를 받는 다양한 스테인리스 물건들을 보게 되었다. 그중에는 군대에서 사용하는 식판도 보였다. 식판을 보자마자 나도 모르게 아이디어가 떠올랐다. 내가 관리하고 있는 어린이집이나 유치원 등은 새해 입학생들에게 도시락 물품을 제공한다. 만약 제공하는 도시락에 어린이집이나 유치원 이름을 레이저로 인쇄해 주는 서비스를 곁들인다면 인기를 끌 것이라 생각했다. 이름을 새겨서 제공한다면 학부모들에게 홍보할 수도 있고, 제공하는 물품에도 좀 더 정성이 들어가 보이리라 생각했다. 우리 물품도 팔고 서비스도 해드리고, 좋은 방법이 아닐 수 없었다.

도마 인쇄를 위해서 찾은 레이저인쇄기가 도시락을 인쇄하는 서비스로 고객 감동 마케팅을 할 수 있을 것이라는 확신이 들었다. 이 당시 레이저인쇄기 값은 1,200만 원이었다. 우리같이 소규모 회사에서 치르는 비용 치고는 꽤 큰 금액이었다. 하지만 나는 바로 구매를 결정했다!

새로운 시장에서 건져 올린 고객감동 서비스 아이디어

나는 레이저인쇄기 공장을 나가자마자 바로 공공기관 담당자에게 전화를 걸었다. 그러곤 도마에 인쇄할 수 있는 방법을 찾았다고 했다. 레이저인쇄기로 하면 위생상 문제가 없고 일반 인쇄처럼 인쇄가 지워지지 않기 때문에 가능하다고 말씀드렸다. 그리고 담당 선생님 덕분에 레이저인쇄기에 대한 새로운 정보도 알게 되어 감사하다는 말씀도 드렸다. 1,200만 원 상당의 장비를 직접 구입해서 레이저로 인쇄해 납품해드릴 것을 약속했다. 담당 선생님은 큰 기대를 하지 않고 물어본 것인데, 1,200만 원을 투자해서 서비스를 한다는 말에 진심으로 감동했다.

당시 우리 회사가 주문받은 도마 금액은 100만 원 정도였다. 배보다 배꼽이 커도, 너무나도 컸다. 나는 레이저인쇄기를 구입하기 위해 제조기업을 다시 방문했다. 대표님은 레이저 인쇄기를 10여 년 동안 판매했지만, 나와 같은 고객은 처음 본다고 했다. 이 장비는 원래 인쇄업을 하는 회사에서 거의 다 주문한다고 한다. 하지만 나는 고객이 원하는 서비스를 위해서 레이저인쇄기를 구매한다고 하니 이해가 가질 않는다고 했다.

다른 회사들은 레이저인쇄기를 구매해서 인쇄로 수익을 내는 곳에 사용하는데, 나는 고객 서비스를 위해서 구매한다는 것이 이상했을 것이다. 내 주변에서도 굳이 서비스로 해주는 인쇄 때문에 이렇게 큰 비용을 들여서 장비를 사야 하느냐고 걱정이 많았다. 주변의 우려를 등지고 일주일 후에 레이저인쇄기가 사무실에 도착했고, 나는 바로 인쇄를 시작했다.

당연히 처음 하는 인쇄이다 보니 실수도 많았다. 하지만 기관에서 주문한 도마에 인쇄를 잘 마치고 납품을 하게 되었다. 주문한 담당 선생님은 처음 받아보는 인쇄 서비스에 감동하고 앞으로 많은 거래를 하겠다고 약속해주었다. 이 기관은 지금까지 매년 우리에게 도마 외 다른 수많은 상품들을 꾸준히 주문하는 등 좋은 관계를 유지해나가고 있다.

이후 나는 레이저인쇄기 공장에서 테스트한 식판을 보고 우리가 판매하고 있는 도시락에 레이저인쇄 무료 서비스를 한다는 사실을 어린이집, 유치원에 홍보하기 시작했다. 당시만 해도 도시락에 레이저인쇄 서비스를 해주는 회사는 한 군데도 없었다. 나는 우리가 관리하는 어린이집, 유치원을 대상으로 이 같은 내용을 홍보하기 시작했다. 역시 내가 생각했던 대로 도시락 주문이 폭발적으로 늘어났다.

가장 중요한 것은 남들이 제공하지 못하는 레이저인쇄 서비스를 하니 오히려 상품 구매 객단가를 올릴 수 있는 장점이 되었다는 사실이다. 기존에는 대량 구매를 하면 당연히 할인을 해서 납품했지만, 레이저인쇄 서비스를 할 경우에는 오히려 단가를 올리거나 할인 없이 납품할 수 있었다. 우리가 하는 서비스가 경쟁이 없기 때문에 가능한 일이었다.

인쇄서비스는 새로운 시장과 매출상승을 위한 강력한 도구였다

일반 고객들이 인쇄 서비스를 받기 위해서는 소량이 아닌 대량으로 구매를 해야 인쇄가 가능하다고 생각한다. 나는 이런 판매방식을 깨고 기관을 상대로는 한 개를 구매해도 무료로 레이저인쇄 서비스를 해줄 수 있다고 홍보했다. 그리고 이 전략은 정확히 들어맞았다.

내가 원했던 다양한 기관에서 연락이 오기 시작했다. 특히 지방에 위치한 소규모 기관에서 근무하는 구매 담당 선생님들은 너무나 만족했다. 이런 방식의 마케팅 전략으로 문의가 늘어나면서 덩달아 새로운 시장에서의 매출이 오르기 시작했다. 그리고 나는 레이저인쇄기를 구매하고 나서 고객들에게 감동을 줄 수 있는 다양한 서비스 상품도 개발하게 되었다.

예를 들어, 주문을 한 어린이집에 우리는 어린이집 상호를 인쇄한 예쁜 볼펜을 제공했다. 당연히 어린이집 상호가 인쇄된 볼펜을 받은 원장님은 크게 감동했고, 후에는 어린이집 사은품으로 볼펜을 제공하고 싶다면서 추가적인 볼펜 주문까지도 하기 시작했다. 레이저인쇄기를 활용해서 고객에게 먼저 인쇄된 상품을 서비스하면서 감동을 주고, 만족한 고객은 추가 상품을 구매하는 전략을 만들 수 있었다.

이렇게 새로운 방식과 전략으로 성과를 올린 나는 우리에게 처음 도마를 주문했던 기관 선생님께 감사 인사를 했다. 선생님의 요청 덕분에 레이저인쇄기를 구매해서 생각지도 못했던 소규모 기관까지 판매망을 확대할 수 있게 된 일이 무엇보다 고마웠다. 지금 우리 회사는 고객들의 감동 서비스를 강화하고자 레이저인쇄기를 3대나 보유하고 있다.

새로운 시장은 이처럼 우연한 기회에 마치 선물처럼 온다. 내가 성공할 수 있었던 것은 고객과의 상담을 통해서 고객이 요구하는 작은 것도 쉽게 생각지 않고 해결하려고 노력한 덕분이라고 생각한다. 고객의 요청을 성의껏 해드리기 위해 길을 모색하다 보니 레이저인쇄기에 눈을 뜨게 됐고, 이 장비로 남들이 하지 못하는 나만의 고객감동 서비스를 개발하는 좋은 기회가 됐던 것이다. 그 덕분에 신규시장의 확보도, 고객 감동이 기반이 된 마케팅의 성공도, 다 가져올 수 있었다.

히트상품은 고객의 입에서 나와 '실패'를 먹고 성장한다

'요상한' 롤백 주문이 들어왔다

우리가 알고 있는 대기업들은 히트상품, 즉 초대박 상품들을 가지고 있다. 누구나 회사를 운영하는 사람이라면 당연히 꿈꾸는 것이다. 나는 교촌치킨에서 가장 기본인 간장소스로 만든 치킨을 좋아한다. 교촌치킨은 간장소스로 만든 치킨으로 대박이 나면서 1, 2위를 하는 국내 최고의 치킨 프랜차이즈 기업이 됐다. 나 또한 이런 히트상품 만드는 것을 항상 생각해 왔다. 하지만 작은 기업들은 히트 상품을 만들기 위해서 자금력, 광고비를 감당할 여력에 한계가 있다. 그렇다 보니 일반적으로 제조기업이 생산한 제품을 서로 경쟁하면서 유통하는 데 집중할 수밖에 없다.

어느 날 제주도에 위치한 기관에서 우리가 판매하고 있는 사탕수수 원료로 만든 친환경 롤백 견적 요청이 들어왔다. 견적 요청서에는 크기별로 세 가지로 나눠서 총 2,000개의 롤백을 견적 요청하고 있었다. 그리고 기관에서는 롤백 각 장마다 기관에서 원하는 내용으로 별도 인쇄를 해서 납품을 하는 조건이 기록되어 있었다.

우리가 판매를 하고 있는 롤백은 제조기업에서 만든 일반적인 기성품 제품, 즉 마트나 슈퍼 등에 가서 흔히 볼 수 있는 보편적인 롤백이었다. 그렇기에 고객이 별도로 제작을 요청한 상품을 만든다는 생각은 해본 적이 없었다. 기관 담당자도 다른 곳에 의뢰해봤지만 확실한 답을 얻지 못했었고, 우리도 이 건에 대해서는 어려움이 있을 거라고 하면서 최대한 가능 여부를 알아봐달라는 것이었다.

1,800만 원이 모두 반품으로

나는 견적 제안을 받고 기관에 처음으로 규모가 큰 납품을 할 거라는 기대감에 들떠있었다. 나는 그동안 계속 거래를 해왔던 제조기업에 찾아가서 주문을 의뢰받은 사양, 납품기한, 금액 등 모든 것을 협의하기 시작했다. 제조기업도 일반적인 기성품 제품을 생산만 했었지 별도 인쇄해 제작하는 상품을 만들어본 적이 없기에 답변을 바로 주지 못했다.

며칠이 지나자 제조기업 담당자가 연락이 왔다. 요청하신 제품으로 제작이 가능하고, 원하는 날짜에 맞춰서 납품을 해줄 수 있다는 것이다. 제조기업도 사실 큰 주문량이기 때문에 적극적으로 대처해주었다. 나는 곧바로 공공기관 담당자에게 가능하다고 통화를 하고 견적서를 발송했다. 며칠이 지나자 공공기관 담당자께 전화가 걸려왔다. 사탕수수 원료로 만든 친환경 롤백으로 생산된 제품으로 납품받기로 확정했다는 것이다. 납품 금액은 1,800만 원이었다. 내가 창업하면서 기관을 상대로 이렇게 큰 매출을 올린 적이 처음이었던 것 같다. 제주도에 위치한 기관이다 보니 이번에 납품을 잘해서 앞으로도 꾸준한 관계를 유지해 나갈 수 있다는 기대감이 내심 컸다.

나는 이번 주문에 대해 실수하지 않기 위해서 제조기업과 꾸준한 소통을 하고, 발주처에서 원하는 날짜에 납품할 수 있도록 최선을 다해서 준비했다. 그렇게 생산이 완료된 제품을 출고하여 배로 선적해서 제주도에 위치한 공공기관에 제품을 납품하게 됐다.

그런데 납품을 하고 며칠이 지나자 공공기관 담당자에게 전화가 걸려왔다. 납품받은 제품 중에 한 개를 검수하다 보니 인쇄에 문제가 있다는 것이다. 자세히 얘기를 들어보니 롤백 한 장 한 장마다 정확한 위치의 인쇄가 되어야 하는데 매 장마다 인쇄되어 있는 위치가 정확하지 않다는 것이다. 쉽게 말해서 인쇄 위치가 다 틀어져서 쓸 수 없는 상품이 되었던 것이다.

나는 곧바로 제조기업 담당자에게 전화를 했다. 지금 검수 과정에서 이런 문제가 발생됐는데 어떻게 된 거냐고 물었다. 하지만 담당자는 그럴 리 없다면서 실수를 인정하지 않는 태도를 보이는 것이었다. 공공기관에서 잘못된 인쇄물의 사진을 보내오고 나서야 제조기업 담당자는 실수를 인정했다.

나는 공공기관과의 첫 거래를 이렇게 실수로 망쳐버린 것에 너무나 큰 충격을 받았다. 어떻게든 문제를 해결하기 위해서 제주도행 비행기에 몸을 실었다. 제주도에 도착해서 기관을 방문하여 담당자와 상급 관리자들 앞에서 이번 일에 대한 책임을 인정하고, 기관에 피해가 되지 않는 빠른 해결 방법을 찾는 데 끝까지 노력하겠다고 말씀을 드리고 나왔다.

나는 일단 문제가 터졌으니 공공기관의 피해를 최소화할 수 있는 방법을 찾으려고 노력했다. 기관에서는 인쇄가 잘못된 제품을 사용할 수 없기 때문에 전부 반품을 해줄 것을 요청했다. 그런데 우리가 반품 회수를 하려다 보니 배송비만 백만 원이 넘게 나오는 것이었다. 그리고 반품을 해도 모든 상품을 폐기 처리해야 하는 것에 난감했다. 우리는 제조기업 대표님과 함께 납품한 롤백 2,000개를 전부 기증하는 형식으로 지원해 드리겠다고 했다. 비록 원하는 용도로 사용은 못하지만, 다른 용도로는 충분히 사용할 수 있을 거라고 생각했다. 그리고 납품을 하지 못한 금액만큼 다른 제품으로 다시 납품을 해드린다고 약속을 했다. 기관 담당자도 다른 해결책이 없기에 우리의 제안을 받아들여주었다.

실수를 새로운 기회로 전환

우리는 최선을 다해서 기관에서 제안한 대체 상품을 납품해드렸다. 이번 일로 인해서 우리는 처음에 납품을 했던 1,800만 원 납품 손실과 추가로 납품을 하면서 발생된 비용 손실을 보게 되었고, 제조기업의 담당자는 이번 일로 퇴사 처리가 되었다. 우리 회사와 제조기업은 이번 일로 실수는 했지만 인쇄 문제를 해결하는 방법을 찾아보기로 했다.

6개월이 지나고 나서 제조기업 대표님에게 연락이 왔다.

"임 대표, 롤백에 인쇄를 정확하게 할 수 있는 장비를 찾았어."

그리고 나에게 장비를 구매하면 다시 한번 판매를 잘할 수 있겠냐고 하시는 것이었다. 나는 당연히 자신 있다고 했다. 왜냐하면 첫 번째 거래는 비록 실패했지만, 이 제품에 대한 시장이 있을 거라고 생각했고, 고객 니즈 또한 반응이 좋을 거라는 확신이 섰기 때문이다. 우리는 샘플로 테스트를 해보고 완벽하게 인쇄가 되는 것을 확인한 다음 다시 한번 여러 기관에 홍보를 하기 시작했다. 홍보가 시작되고 내가 생각했던 대로 우리가 제안하는 상품에 대한 반응이 좋아 주문이 들어오기 시작했다.

일부 기관은 제주도에 납품이 잘못된 사실을 알고 제대로 인쇄된 샘플 요청을 하는 곳도 있었다. 처음 제주도에서 의뢰했던 제품이 다른 지역에서 좋은 반응을 일으키고 있었던 것이다.

나는 제주도 기관에 다시 한번 우리 회사가 완벽하게 제품을 만들어서 납품할 수 있는 장비를 구축했음을 말씀드렸다. 하지만 우리가 만든 제품에 대한 확신이 서지 않던 제주도 기관은 우리가 다른 곳에 납품했던 제품 샘플을 요청을 하고 샘플 테스트를 확인 후에 주문을 하겠다고 하였다. 우리는 자신 있게 샘플을 발송했고 다시 한번 거래가 되기를 간절히 희망했다.

그렇게 샘플을 발송하고 며칠이 지나서 연락이 왔다. 기관 선생님들끼리 제품 샘플 테스트를 꼼꼼히 해 본 결과 이상이 없다고 하시면서 다시 한번 두 번째 발주를 주셨다. 우리는 문제를 해결해서 첫 의뢰한 기관에 재납품할 수 있게 된 것에 너무나 감사하고 뿌듯했다.

그렇게 두 번째 납품은 다시 한번 신뢰를 쌓는 계기가 되었고, 그로 인해서 다른 기관에 입소문이 나기 시작했다.

연매출 1억이 넘는 효자 상품으로

나는 본격적인 판매를 위해서 제조기업과 MOU 계약을 하고 이 제품에 대한 독점 총판계약서를 만들었다. 그리고 전국에 있는 기관에 제품을 홍보하면서 판매가 늘어나기 시작했다. 이 제품은 약 100여 개 이상의 기관에 현재 납품을 하고 있으며, 매년 재주문이 일어날 만큼 꾸준한 효자 상품이 되어 있다.

첫 번째 기관에서 의뢰했던 상품을 제작하는 과정에서 실수를 했지만, 문제를 해결하고 분명히 또 다른 시장이 있을 거라는 확신을 가지고 다시 준비해서 이뤄낸 성과이다.

이번 상품 개발로 제조기업 대표님은 지금도 웃으면서, 그때는 아찔했는데 지금은 매출이 가장 높은 제품으로 만들고 다양한 시장에도 나갈 수 있는 계기가 된 것에 대해서 대단하다고 하신다. 이 제품은 홍보를 하지 않고도 1년에 꾸준히 1억 이상의 매출을 올리고 있는 우리의 효자 상품이 되었다. 새로운 시장, 새로운 상품을 개발하는 것은 고객들이 하는 얘기에 귀 기울이면 된다.

모든 답은 고객의 입에서 나온다.

캠핑카를 타고 다니면서 전국의 고객을 만나다

24시간 고객을 만나고 싶은 열망

나는 회사를 운영하는 대표이지만 항상 고객들을 직접 만나기를 주저하지 않는다. 오히려 사무실에서 직원들과 함께 일하는 것보다 현장에서 고객을 만나는 것을 더 좋아한다. 여기에는 특별한 계기가 있다.

사업을 하면서 8년 차 때 가장 힘든 시기가 찾아왔다. 당시 내가 가장 소중하게 생각했던 충성고객들이 점점 사라지고 있었다. 나는 신규고객보다 충성고객의 소중함을 간절히 깨달았기에 고객을 직접 만나고 대화하는 일에 무엇보다 열심이었다. 직원이 가야 할 곳도 대표인 내가 손수 나서서 고객을 만나고 이야기를 나누었다.

내가 '자외선 살균 소독기 위생 교육 프로그램'을 개발하고 강의를 한 것도 다 고객과의 관계를 꾸준하게 유지하면서 고객을 확보해나가기 위한 방법의 일환이었다. 당시 나는 고객을 만날 때마다 새로운 정보를 얻고 신선한 영감이 떠오르는 것에 엄청난 희열을 느끼고 있었다.

그러던 어느 날, 지방 출장을 갈 때 일도 하면서 강의도 하고 잠도 잘 수 있는 방법이 없을까 고민을 했다. 항상 지방에 있는 숙소를 예약하고 잠을 잔 뒤 다음 날 이동하는 것보다, 평상시에도 장소를 가리지 않고 이동하면서 일할 수 있는 공간이 필요했다. 여기저기 이동하는 시간과, 시간이 남을 때 카페를 찾아다니면서 간단한 업무를 보는 방식이 너무 비효율적이라고 생각했다.

영감을 얻고자 산 캠핑카

즉시 인터넷을 통해 방법을 찾았다. 눈에 띄는 게 있었다.

'캠핑카'

캠핑을 해본 적도 없고 바깥에서 자는 것도 싫어했기에 캠핑카에 대한 개념도 잘 몰랐다. 그런데 캠핑카를 자세히 보니 내가 업무를 볼 수 있고, 이동도 할 수 있으며, 잠도 잘 수 있고, 식사를 할 수도 있는 데다가, 심지어 미팅도 할 수 있는, 내가 생각한 이동식 사무실인 것이었다.

나는 약 2달 동안 전국에서 개최하는 박람회를 찾아 다니면서 내가 원하는 캠핑카를 조사하기 시작했고, 마침내 구매를 결정했다. 캠핑카를 알아보면서 자연스럽게 새로운 레저 시장이 어떻게 형성이 되는지도 알게 되었다 . 다른 사람들은 캠핑을 즐기기 위해서 캠핑카를 구매하려고 장점을 찾았지만, 나는 이동식 업무를 위한 최적의 조건에 맞는 차를 선정했다.

'이동식 사무실'을 얻다

구매 결정을 하고 캠핑카 회사 대표와 계약을 하는데, 캠핑카 회사 대표는 나를 이상하게 생각하는 눈치였다. 일반적인 사람들은 캠핑카를 '캠핑의 끝'이라고 부른다고 했다. 그 정도로, 캠핑의 정점을 찍는 캠퍼들의 '로망'이라는 뜻이었다. 캠핑을 좋아하는 사람들은 텐트부터 시작해서 캐러밴을 사는 과정을 거쳐 최종에 캠핑카를 구매하는 것이 꿈이라고 한다.

하지만 나는 캠핑을 전혀 모른다고 하니 처음에는 왜 사려는지 이해하지 못하는 눈치였다. 일반 구매자의 100%는 캠핑과 레저를 위한 목적이지만, 나는 캠핑카를 활용을 해서 새로운 회사의 업무 시스템을 만들고자 한다는 이야기가 무척 흥미를 끈 것 같았다.

나는 캠핑카 회사 대표에게 앞으로 캠핑카를 활용한 새로운 사업 모델을 서로 협업하고 개발하자고 제안했다. 회사 대표는 흔쾌히 받아들여 주었다. 내가 실제 운행하고 써보면서 다양한 경험을 통해서 나오는 데이터를 가지고 진정한 이동식 업무 차량에 필요한 시스템을 구축해 나가기로 했다. 캠핑카 회사 대표님으로서도 새로운 시장을 확보해나갈 수 있는 좋은 계기가 되었다.

캠핑카를 구매하고 나자 지방 출장의 횟수가 점점 늘어났다. 단순하게 일을 한다는 느낌보다 여행을 하면서 고객을 만날 수 있고, 또 틈나는 시간마다 일을 할 수 있는, 정말 최고의 호텔이자 이동 수단이었던 것이다. 캠핑카를 타고 지방 출장을 갈 때마다 사무실에서 얻을 수 없는 또 다른 사업적 영감도 엄청 떠오르기 시작했다.

이후로는 캠핑카를 타고 지방에 강의를 다니고 고객을 만나는 일상을 SNS 등에 공유하기 시작했다. 나의 SNS를 본 고객들에게 '캠핑카 타고 사업하는 사장님', '강연하는 사장님'으로 입소문이 나면서 생각지도 않게 나를 알리는 최고의 홍보전략이 되었다.

캠핑카는 나에게 다양한 영업적 홍보 수단뿐 아니라 내가 일하는 방식을 바꿔놓았다.

나는 개인적으로 골프를 엄청 좋아한다. 골프를 치기 위해 1박 2일의 지방 스케줄을 잡기도 한다. 캠핑카를 구입하고부터는 첫날은 강의를 한 후 골프장 근처로 이동하여 1박, 둘째 날 오전에는 골프를 치고 오후에는 캠핑카에서 고객을 만나는 방식으로 스케줄을 짰다. 숙소와 골프장, 고객을 만나는 장소 등의 이동 거리가 없어져서 밀도 높은 일정을 소화하는 게 가능해졌다.

영감은 먼 데 있지 않다. 자신이 필요로 하는 게 있다면, 그 방법은 어디서든 찾게 된다. 캠핑카를 타고 고객을 만나고 다니면서부터 나는 스스로에게 엄청난 동기부여를 하고 있다. 사업이 더 재미

있고 흥미진진해진 것은 당연한 결과다.

다양한 사업 전략이 만들어지다

캠핑카로 일을 하면서 고객을 관리하는 데 있어서 한 번도 해보지 않은 전략도 생겼다. 우리 가족은 매년 12월 31일이 되면 해돋이를 보러 특정한 장소로 출발한다. 캠핑카가 있기 전까지만 해도 상상하지 못했던 일이다. 해돋이 장소에서 새해 첫날을 의미있게 보내고, 1월 2일이 되면 캠핑카를 끌고 그 지역에 있는 고객들을 찾아가 새해 인사를 드린다.

기존 고객에게는 1년 동안 거래해 준 데 대한 감사 인사이고, 예비 고객들한테는 우리 회사를 알리는 목적으로 다니기 시작했다. 1월 2일 첫 출근하는 대부분의 사람들은 보통 회사에서 시무식을 하고 올 한해를 위한 회의를 하면서 시작하지만, 나는 고객들과 함께 시작했다. 무엇보다 여행지에서 고객을 만나면 여행의 기분이 들기에 고객들에게 긍정적이고 좋은 에너지를 전달할 수 있다고 생각했다. 이런 일들은 가족과의 추억, 고객과의 추억을 동시에 잡을 수 있는 기회가 됐다. 우리 아이들은 아빠가 새해 첫날부터 캠핑카에서 거래처로 가는 모습을 보면서 뿌듯해하기도 한다.

이렇게 캠핑카를 타고 다니면서 사업을 하는 나의 모습이 사람들에게는 신기하고 관심 대상이 되었다는 것을 많이 느꼈다. 지방 출장을 가면 나는 보통 휴게소, 공원, 강변에서 쉬거나 자는 경우가 많다. 그럴 때마다 자고 일어나면 사람들은 나에게 궁금한 것들을 묻곤했다. 그래서 나는 캠핑카에다 우리 회사 로고를 붙이고 홍보 수단으로 활용하기 시작했다. 내가 이동하는 차량의 홈페이지 등을 보고 파트너들이 생겨났고, 큰 계약까지 이뤄지는 성과도 얻게 됐다.

캠핑카를 활용하여 얻은 또 다른 성과도 있다. 지방에 있는 예비고객을 직접 찾아가 캠핑카에서 상담을 하면 계약률이 높아졌던 것이다. 고객들은 나를 만나러 오면 우선 캠핑카라는 장소 자체에 많이 놀란다. 그렇게 강렬한 인상을 주고 나면, 같이 차를 마시면서 나누는 대화가 훨씬 자연스러워지고 고객이 나를 대하는 태도도 매우 경쾌해지는 것을 나는 많이 경험하곤 한다. 그런 상태에서 대화를 나누면 상대가 알게 모르게 나의 말에 빠져드는 효과를 보게 됐다.

이렇게 내가 직접 경험한 캠핑카를 활용한 사업 방식을 나는 젊은 창업자들에게 적극 권해주고 싶다. 내가 경험한 캠핑카 사업방식을 통해 어쩌면 요즘 젊은이들이 원하는 디지털노마드로 일을 할 수 있다는 확신도 들었다. 경험 없이 디지털노마드를 얘기하는 사람과 달리, 직접 경험으로 배운 것을 시스템으로 접목하여 새로운 이동식 디지털 노마드 창업을 컨설팅할 수 있는 시스템도 개발하게 되었다.

내가 하는 방식처럼 여행을 하면서 일을 하고, 일을 하면서 여행을 할 수 있는 업무 스타일은 누구나 원하는 것이다. 나는 캠핑카를 활용하면서 너무 많은 사업 아이디어와 영감을 얻었기에, 다른 젊은 창업자들 역시 망설이지 말고 한번 도전해서 새로운 사업 방향을 구축했으면 한다.

고객은 남들과 다른것을 기억한다

고객은 평범한 것을 기억하지 않는다. 분명 남들과 다르게 행동하고, 다르게 서비스하고, 다르게 제안하는 사람을 기억한다. 캠핑카를 구매해서 사업적으로 활용해 보니 사업에 재미도 있었지만 가장 중요한 고객 증가 속도가 엄청나게 빨라졌다. 캠핑카는 나를 능동적으로 움직이게 하는 채찍 역할을 했다.

책을 쓰고 있는 지금도 캠핑카를 활용한 나의 업무는 계속되고 있다.

6장

성공하는 비즈니스에 필요한 경영 제안

거래처(제조기업) 직원을 감동시켜라

거래처를 어떻게 대하는가?

창업을 시작하고 나면 시간이 흘러갈수록 점점 많은 거래처를 상대하게 된다. 우리 회사 역시 일반적으로 매일 출근해서 전날 또는 당일에 들어오는 주문에 대해 거래처에 발주서를 보내고, 상품 출고현황을 체크하며, 재고 여부, 택배 송장 확인 등 많은 업무를 처리한다. 하루를 돌이켜보면 회사에서 이뤄지는 업무의 반 이상은 거래처에 관련된 일들이다. 요즘은 예전과 다르게 고객들의 주문이 인터넷을 통해서 많이 발생되다 보니 고객상담 업무가 많이 줄어들고 있지만, 내부 업무는 오히려 복잡하고 바빠지고 있다.

창업을 하는 사업자라면 제일 먼저 거래처를 확보하기 위해서 많은 에너지를 쏟을 것이다. 나와 거래하는 거래처가 많을수록 다양한 거래처의 상품을 판매할 수가 있기 때문이다. 그렇다 보니 거래처를 확보하는 데 많은 어려움을 겪으면서도 거래처 확보에 무엇보다 신중을 기하고 또 총력을 기울이게 된다.

이런 사정은 제조기업 역시 마찬가지다. 제조기업으로 창업하고 첫 생산된 상품을 팔아달라고 여기저기 유통기업을 찾아다니는 사장님들의 마음도 똑같다. 서로 거래처를 확보하는 데 있어서 창업 초기는 그만큼 어려운 것이다.

하지만 시간이 흐를수록 점점 거래처가 늘어나다 보면 우리의 마음은 거래처와 거래하는 것이 당연하게 여겨진다. 그렇다 보니 서로 업무를 하면서 담당자들 사이에 미묘한 갈등이 쌓이는 경우도 있고, 생각지도 못한 불화가 누적되는 경우도 있다. 때로는 이렇게 불편한 관계를 그냥 놔둔 채로 업무 관계만 맺으며 거래를 하는 경우도 심심치 않게 많이 있다.

거래처의 직원을 고객으로 생각하자

내가 창업을 하면서 가장 중요하게 생각하는 것은 고객 관리이다. 예전에 수많은 창업 경험을 통해 고객이 없는 사업은 절대 성장하지 못한다는 것을 알고 있기 때문이다. 하지만 사업을 하는 사람에게는 일반적인 의미와는 다른 차원의 고객도 있다는 것을 알아야 한다. 그 고객은 다름 아닌, 우리가 매일 거래하는 거래처다.

우리는 대개 거래처를 '고객'으로 생각하지 않는다. 만약 거래처가 고객이라고 생각하면 우리는 항상 긴장하고 최선을 다하려고 노력할 것이다. 하지만 현실은 매일매일 통화하면서 업무를 처리하는 직원들조차 서로 친분을 쌓고 알아가려는 노력을 하지 않는다. 그렇다 보니 1년, 2년이 지나도 거래처 담당 직원에 대해서 개인적으로 잘 알지 못하는 경우가 많다. 내가 창업했을 때 처음 함께했던 직원하고 나는 고객뿐만 아니라 거래처를 내 사람으로 만들어야 된다는 생각을 가지고 시작했다.

한 가지 일화를 얘기하겠다. 우리는 약 300억 정도의 매출을 올리는, 비교적 규모가 큰 거래처와 거래를 하고 있었다. 매일 일어나는 업무 중에 발주서를 팩스로 보내는 일이 있었다. 우리 직원은 발주서를 팩스로 보낼 때마다 발주서 양식 하단에 항상 펜으로 안부 인사를 적었다. 예를 들어 "차장님, 오늘은 눈이 많이 오니 조심하세요. 날씨가 너무 맑아요. 하늘을 보면서 즐거운 하루 보내세요. 오늘도 항상 신경 써주셔서 감사드립니다. 점심 맛있게 드세요." 이런 인사를 매일매일 보내는 발주서에 항상 함께 적었다. 매일매일 발주서를 받은 거래처 직원은 이런 작은 멘트에 항상 감동을 느끼고 기분이 좋아진다고 했다. 어느 회사도 이렇게 발주서에 안부인사를 하고 좋은 내용을 적는 회사는 없었다.

그러던 어느 날, 이 거래처를 방문하여 대표님과 미팅을 하는데, 갑자기 대표님이 우리 회사의 담당 여직원을 스카우트하고 싶다고 말하는 것이다. 이 업체는 우리 회사랑 2시간 이상 떨어진 지방에 있는 회사였다. 거래처 사장님은 내게, 발주서를 보낼 때마다 안부 인사와 상냥한 통화를 하는 직원을 칭찬하면서 회사에서 직원을 채용할 때 우리가 보낸 발주서 양식을 활용하며 거래처를 관리하는 교육 자료로 쓴다고 했다.

나는 그때 이런 작은 행동이 거래처와의 관계를 보다 더 튼튼하게 만들고 우리회사의 가치를 매우 높여준다는 사실을 깨달았다. 그래서인지 해당 거래처는 우리가 힘들고 도움을 요청할 때 두 발 벗고 나서서 적극적으로 도와주었다. 거래처와 우리 사이에 생긴 돈독한 신뢰와 의리 덕분이다. 나 또한 직원이 입사를 하면 이 내용을 항상 얘기한다. 거래처는 단순하게 제품만 발송하는 회사가 아니며, 거래하는 직원을 감동하게 만들어야 한다고….

또 다른 사례도 있다. 좋은 파트너로 거래를 오래 했지만 담당자가 바뀜으로 인해서 거래가 원활하게 되지 않는 경우도 많다. 인수인계를 받고 담당자가 교체가 됐어도 새로 바뀐 담당자는 우리 회사와의 기존 관계에 대해서 정확하게 알지를 못한다. 그렇다 보니 본인이 가지고 있는 생각과 기존에 배워왔넌 방식을 그대로 적용하다 보면 서로 트러블이 생기고 거래 관계가 악화되는 경우도 있다. 이런 경우가 제일 안타깝다. 새로 입사한 직원은 그동안에 거래했던 거래처를 먼저 이해하려고 노력하고, 우리 담당자와 가까워지려는 모습을 보이는 적극적인 자세가 가장 중요하다. 이 직원의 모습은 회사를 대표하기 때문에 거래처에 대한 예의를 바탕으로 관리교육을 꼭 해야 한다.

거래처는 우리 회사를 홍보하는 채널이다

고객을 만족시키고 감동을 주기 위해서는 고객한테만 잘해야 되는 게 아니고 거래처와의 관계도 훌륭하게 맺어야 된다. 거래처와의 원활한 관계와 신속한 업무협조는 고객에게 발생될 수 있는 문제를 사전에 예방할 수 있는 좋은 해결책이다. 사실 거래처와의 관계는 양사만의 관계가 아니다. 우리가 거래하고 있는 거래처 대부분은 제조기업인 경우가 많다. 우리의 거래처이면서 동시에 우리회사가 납품하는 시장의 또 다른 우리 경쟁상대에게도 거래를 하는 경우가 있다.그렇다 보니 회사들의 소문은 금방 알 수가 있게 된다.

나는 우연히 다른 제조 거래처에 방문한 적이 있었다. 미팅을 하는 와중에 대표님과 직원이 우리 회사에 대해서 익히 들었고 사업을 너무 잘하고 있는 회사라고 얘기하는 것이다. 나는 오는 차 안에서 '우리 회사를 어떻게 알았지? 거래를 한 지 얼마 안 된 회사인데? 어디서 무슨 소문을 들은걸까?' 많은 생각에 잠기면서 돌아왔다.

며칠이 지나자 또 다른 거래처 직원이 우리 회사 직원에게 우리 회사가 연 매출이 50억이 넘고, 젊은 사장님이 엄청 성공했다는 식으로 주변에 소문이 많이 나 있다는 말을 전해왔다. 나와 우리 직원은 이해가 안 됐다. 총 세 명밖에 되지 않는 회사인데 어떻게 그런 소문이 났는지 참 신기했다. 나는 직원하고 생각지도 않는 소문에 대해 '좋은 에너지가 우리에게 전달되고, 외부에서 좋은 방향으로 소문이 난다는 것은 좋은 일'이라고 얘기했다. 이런 소문은 우리가 사업하는 데 많은 도움이 됐다.

우리가 거래하는 거래처와 또 연결된 거래처들 사이는 담당하는 직원들끼리도 서로 연결이 돼 있다. 그 직원들끼리 서로 통화하면서 우리 회사에 대한 좋은 소문을 더욱더 확장시키는 역할을 한 것이다. 뿐만 아니라 가까운 거래처 직원은 현재 시장에서 돌아가는 많은 정보도 우리에게 제공하곤 했다. 이것은 사장인 내가 한 일이 아니고 우리의 담당자가 거래처 담당자와 고객 또는 친구처럼 지내려고 노력했기에 가능한 일이다. 거래처를 고객처럼 관리하고자 하는 철저한 서비스 정신이 있기에 가능하다고 생각된다.

거래처는 함께 가는 가족이다

사업을 하면서 직원들이 늘어나다 보면 거래처의 관계가 당연히 소홀해질 수 있다. 우리는 잘하는 것 같지만 상대방의 거래처에서는 '예전만 못하다', '예전에는 안 그랬던 회사인데' 하는 식으로 분명 느낄 수도 있다. 지금도 나는 직원들과 함께 고객에게 서비스하는 마음가짐으로 거래처 담당자가 우리 편에 설 수 있도록 작은 관심과 감동을 줘야 한다고 자주 강조한다.

우리는 사업 초기에 마음먹었던 작고 사소한 결심들을 자주 잊어버리곤 한다. 규모가 커졌다고 초창기에 했던 일을 간과하는 경우가 있다. 하지만 초심을 잃은 회사는 절대 올바르게 발전할 수 없다는 것을 명심해야 한다.

거래처 대표님들과 '베프'가 되라

누구에게나 찾아오는 변화

나는 30대 중반에 500만 원으로 창업을 시작해서 승승장구하며 사업을 잘 꾸려갔다. 동종업계 업체들과 제 살을 깎아 먹으면서까지 가격이나 홍보 경쟁을 하지 않으면서, 나만의 전략으로 시장을 한정화해서 전문가적인 포지션을 만들고 고객들을 철저하게 관리하다 보니 사업도 잘되고 업계에 점점 입소문도 나기 시작했다. 한 명의 고객으로 시작한 사업은 1년, 2년이 지나면서 전국적인 규모로 고객을 확장시켜 나가고 있었다. 젊은 나이지만 그동안 수많은 창업경험을 통해서 얻은 노하우를 멋지게 펼쳐가고 있는 시기였다.

이때는 솔직히 누구도 부럽지 않았고 자신감이 하늘을 치솟고 있었다. 점점 자리가 잡혀가고 있다 보니 다양한 업체에서도 제안

및 제휴가 많이 이뤄지던 시기였다. 그렇다 보니 우리에게 제품을 공급받아서 납품하고자 하는 도·소매 유통회사들이 특히 많은 거래를 요청해왔다. 이를 계기로 이런 도매 고객들이 이용할 수 있는 유통 플랫폼을 만들어 본격적으로 도매업체를 상대로 유통을 시작하게 되었다.

하지만 시간이 지나면 지날수록 나는 고객보다 도매 쪽에 집중하고 있다는 것을 알게 되었다. 도매 사업은 하면 할수록 주문 처리, 상담, CS 관리 등 많은 업무가 생겨나게 되었다.

당시는 도매를 거래하는 유통 플랫폼에서 월 1억 정도의 매출이 발생하는 시기였다. 하지만 나는 점점 도매 플랫폼에 대한 재미를 느끼지 못하고 싫증이 나기 시작했다. 내가 처음 창업을 할 때 고객들과 만나고, 고객들에게 정보를 얻으며, 고객들로 인해서 즐거웠던 일들이 점점 사라지고 있었다. 반면 도매 사업자들과의 관계만 늘어나고 있기에 나는 현장에서 움직이는 시장에 대한 정보를 점점 알 수가 없어졌다. 그리고 기존에 거래했던 고객들도 관리가 소홀해지다 보니 점점 우리 회사와 멀어지고 있는 것을 나는 느낄 수 있었다. 그리고 가장 중요한 것은 상품 매출 대비 마진율이 급격히 떨어지고 있다는 점이었다.

거래처 대표들께 손편지로 구한 양해

나는 마음속으로 도매유통 플랫폼 사업을 당분간 접어야겠다는 생각을 했다. 그리고 팀장급 직원들과 회의를 했다. 우리 회사가 가장 잘하는 일이 무엇이고, 우리다움이 무엇인지를 다시 한번 찾아보자고 했다. 우리 회사가 빠른 속도로 발전할 수 있었던 이유는 한 명의 고객을 철저하게 관리하는 시스템을 잘하고 있었기 때문이다. 그런데 내가 팀장들과 회의를 하면서 깨달았던 것 중에 하나는 우리가 관리하는 고객이 점점 없어지고 있다는 것이었다. 그만큼 내가 우리 고객의 관리를 얼마나 못하고 있었는지를 제대로 알게 된 회의였다.

회의가 끝나고 나는 결정했다, 도매 플랫폼 사업을 당분간 접고 고객들을 직접 만나고 관리할 수 있는 소매 사업에 집중하기로…. 도매와 소매를 동시에 성장시킬 수는 없기 때문에 어쩔 수 없이 과감하게 도매 유통사업을 당분간 포기하기로 한 것이다. 마음속에서 항상 불편함을 갖고 있었기에 생각과 동시에 바로 실행에 옮겼다.

우리가 운영하던 도매 플랫폼 사이트에 나는 2주 후부터 당분간 운영을 중단할 것임을 공지했다. 공지가 나간 후 기존에 거래하던 도매 사장님들에게 많은 욕을 먹기도 했다. 심지어 어떤 사장님들은 "너네, 먹고 튀는 거 아니냐", "그럴 거면 차라리 나한테 도매 사이트를 팔아라" 등 많은 욕을 먹었지만, 우리의 결정에는 변함이 없었다.

월 1억 이상의 매출이 나오는 사이트였기에 당분간 많이 힘들어질 거라는 것도 예상할 수 있었다. 나는 이 도매 사이트를 폐쇄하고 우리와 거래하고 있는 제조기업 대표님들에게 이 사실을 알렸다. 진심을 담은 마음으로 한 분, 한 분께 손편지를 썼다. 기존의 사업 방향을 도매에서 소매로 전환하고자 큰 결심을 하고, 6개월 정도 많이 힘들어질 것을 예상한다고 했다. 그리고 매출의 반 이상이 감소하고 운영에 차질이 생길 수 있을 것 같아서 6개월 정도 결제를 원활하게 해줄 수 없을 것 같다는 양해도 구했다.

많은 대표님들이 그동안에 워낙 신뢰가 있는 거래 관계를 맺었던 회사라 걱정하지 말라고 하면서 괜찮다고들 하셨다. 나는 모든 것을 정리하고 바로 다음 달부터 도매사이트 폐쇄와 함께 소매사업에 집중하는 시스템으로 전환을 시작했다.

하지만 내가 생각했던 것과 달리 모든 시스템과 사업 방향의 전환은 생각보다 빠르게 이뤄지지 않고 있었다. 6개월 정도면 어느 정도 정리가 될 거라고 생각했지만 아니었다. 1년 정도 지나고 나니 사업 전환의 성과보다 회사의 빚이 눈덩이처럼 쌓이기 시작했다. 한 달에 약 2,000만 원 정도씩 손해를 계속 보고 있었던 것이다. 매출은 반 이상으로 줄고 매월 나가는 경비는 정해져 있기 때문에 답이 없는 시간을 보내고 있었다. 정말 이때는 처음으로 죽을 만큼 힘든 시련을 느꼈다.

폐업할 수 없게 도와준 거래처 대표님들

1년 정도 시간이 지나고 나니 회사의 빚이 약 2억 원 정도가 되어갔다. 정말 심각한 상황이었다. 이 빚의 대부분은 그동안 거래해왔던 거래처에게 주지 못한 결제 대금이었다. 제조기업 대표님들도 1년이 지나자 "무슨 일 있는 것 아니냐?", "생각보다 결제가 너무 늦어진다", "이렇게 결제가 길어지면 힘들다" 등 조금 우려 섞인 말씀을 하기 시작했다. 나는 사업을 하면서 처음으로 가장 큰 위기를 겪고 있었다.

주변에서는 왜 잘나가는 도매 사이트를 굳이 폐쇄하고 이런 방식으로 결정을 했느냐고 얘기하는 분들도 많았다. 처음으로 나의 결정에 후회를 하고 있었다. 이렇게 서두르지 않고, 준비를 하면서 사업 전환을 해야 했지만, 나는 너무 성급했던 것이다. 원인은 내가 너무 사업에 자신감이 넘쳐흘렀기 때문이었다. 시간이 계속 흘러감에 따라 거래처에 지급하지 못한 대금은 점점 쌓여가고 있었다. 매입이 가장 많은 10개 정도의 회사들 중에 적게는 500만 원, 많은 곳은 2,000만 원 정도까지 결제하지 못하고 있었다. 솔직히 어떤 기업이 이렇게 큰 규모의 미수금이 발생된 회사랑 거래를 하고 상품을 공급하겠는가?

이 중에 우리랑 거래량이 가장 많은 거래처에게 지불하지 못한 거래대금은 1억 원이나 되었다. 이 거래처 담당자는 우리와의 관계가 너무나 좋고 오래 거래를 해왔기 때문에 어떻게든 도와주려고 애를 써줬다. 거래처 담당자는 본인 회사가 보통은 300만 원만 연체가 있어도 절대 제품을 공급하지 않는다고 했는데, 우리 회사는 무려 1억이라는 금액이었던 것이다. 이렇게 많은 거래처에게 거래대금을 연체하면서 거래관계를 유지해주고 큰 도움을 받은 것이 너무나 감사했다.

만약에 주거래처 사장님들께서 우리 회사에 제품을 공급해주지 않았다면 우리 회사는 바로 부도가 났을 것이다. 나는 이 당시 심적으로 너무 힘들어서 회사를 포기하고 다른 회사에 회사를 매각하려고까지 생각했다. 매각을 위해서 다른 회사의 사장님과 매각 조건에 대한 얘기도 나눴을 정도다. 정신적으로는 너무 힘들다 보니 인생 처음으로 공황장애도 앓게 되었다. 점점 자신감은 떨어져 가고 발전적인 사업 전환보다 문제를 해결하는 데 집중하는 시간이 길어졌다.

나는 이 시기에 6명의 직원을 내보내고 남아 있는 3명의 직원과 힘겹게 버텨 가고 있었다. 지금 돌이켜 생각해보면 분명 거래처도 힘들었을 텐데 우리를 계속 믿고 거래를 해준 것에 너무나 감사함을 느끼고 있다. 거래처 대표님들의 믿음과 지원이 없었다면 나는 분명 회복하지 못했을 것이다. 어떤 대표님은 우리 회사의 미수금 800만 원을 자체 손실 처리까지 하면서 도와주셨던 분도 계셨다. 나는 사업하면서 처음으로 힘듦을 느꼈고, 무엇이 소중한지를 다시 한번 깨닫는 시간이 되었다. 나라면 과연 이렇게 큰 금액을 연체한 회사와 거래를 했을까라는 물음에 솔직히 자신이 없다.

상생의 의미

우리 회사는 3년이라는 어려운 시간을 이겨내고 지금은 그 전보다 훨씬 튼튼하게 성장하고 있다. 물론 이때 도와주셨던 거래처 대표님들께 항상 마음속으로 감사함을 느끼고 있고, 지금도 아주 튼튼하게 신뢰를 바탕으로 거래를 하고 있다. 한 번의 위기를 겪고 나니 지금은 더욱더 멘탈이 단단해졌고, 거래처들과의 관계 또한 아주 소중하게 생각하면서 사업을 하고 있다. 내가 잘났다고 생각할 때에는 내 주변에 있는 것이 절대 소중하게 느껴지지 않는다는 사실을 뼈저리게 느끼게 된다.

내 사업이 번창한다는 것은 나 혼자서 잘했기 때문이 아니라 내 주변에 있는 사람들이 나를 도와주고 있기 때문임을 절대 잊으면 안 된다. 물론 나와 거래하고 있는 고객들의 소중함도 더욱 깊이 깨달았다. 이것을 명심하고 잊지 않으려고 나는 지금도 되새기며 노력하고 있다.

사업을 하면서 예기치 않게 나타나는 운을 조심하라

사업은 다양한 일을 경험하는 것

사업은 인생과도 같다. 그만큼 다양한 일들을 경험하게 된다. 처음 사업을 시작할 때의 마음가짐은 열심히 일해서 정직하게 돈을 벌고 부자가 되고 싶은 간절한 마음으로 출발한다. 하지만 사업을 시작하면 내 생각과 다르게 소송을 당하기도 하고, 무던하게 잘 팔리던 제품이 어떤 사회적 이슈로 인해서 한순간에 시장에서 매장되는 일도 생긴다. 이런 상황은 누구도 예상할 수 없는 일이다.

이렇게 생각지도 못한 불행한 일이 생기면 작은 회사는 사업에 큰 위기를 맞이할 수 있다. 하지만 이런 위기를 잘 극복하고 나면 생각지도 않게 좋은 일이 벌어지기도 한다. 이렇듯 사업은 앞을 전혀 알 수 없기에 지금 이 순간 최선을 다하고 앞으로 발생되는 일에 당황하지 않으며 여유로운 마음가짐을 가질 필요가 있다.

나 또한 사업을 하면서 이런 운과 관련된 몇몇 경험이 있었다. 그래서 생각지도 않게 찾아온 기회 같은 운을 관리하는 방법에 대해서 한번 얘기해보고 싶다.

주문이 미친 듯이 밀려들었다

나는 창업을 할 때 위생과 안전이라는 콘셉트로 내 사업을 디자인하였다. 특히 어린이집, 유치원은 당시 위생과 안전에 대한 인식이 자리 잡기 전이었다. 이것은 역으로 생각하면 아직 남들이 이런 사업을 많이 하고 있지 않기에 기회가 될 수 있다는 의미였다. 하지만 시장이 작기 때문에 제품이 많이 팔리지 않는다는 단점 역시 있었다.

나는 이런 시장의 분위기를 파악한 뒤 1년 동안 열심히 위생, 안전 전문 회사로 자리매김하기 위해서 최선을 다해 노력을 기울였다. 시간이 지나서 창업한 지 1년 9개월쯤 되었을 때, 생각지도 않던 사회적 이슈가 터지게 되었다. 우리나라에서 한 번도 겪어보지 못했던 신종플루가 발생했던 것이다. 그전에도 조류독감 같은 질병이 발생하면 닭을 취급하는 사업에만 피해가 갔을 뿐 일반 시장에는 큰 영향을 미치지 못했다. 하지만 신종플루는 전 세계적으로 확산되어서 우리나라에서도 처음 겪었던 위기 상황이었다.

이때 생각지도 않게 수많은 위생 관련 용품 주문이 갑자기 폭주하게 되었다. 모든 사람들이 처음 겪는 불안한 상황에서 나를 보호

해줄 손소독제, 귀 체온계, 살균소독제, 마스크 등을 필요로 했다. 한마디로, 주문이 미친 듯이 밀려들었다.

하지만 아무리 많은 주문이 폭주해도 제조회사에서 제품을 생산하는 물량은 한정돼 있었다. 시간이 지날수록 주문이 엄청나게 늘어났지만 제품을 고객에게 전달하는 데까지 길게는 한 달 정도가 걸렸다. 위생, 안전에 대한 사람들의 인식이 부족한 시기에 이런 큰 이슈가 터지다 보니 너도나도 미친 듯이 소독제를 구매하는 전쟁같은 상황이 벌어진 것이다. 그때는 마침 내가 위생과 안전을 키워드로 사업을 시작하면서 고객들에게 차차 위생 개념이 인식되어가던 시기였고, 우연히도 사회적 이슈가 터져 위생용품 주문이 폭발했던 것이다.

이 당시 우리 회사의 통장에는 아침 8시부터 저녁 퇴근할 때까지 10분 단위로 돈이 들어올 정도였다. 한 달 정도 밥도 제대로 못 먹고 주문을 처리하는 일에만 매달리다 보니 우리 여직원은 심지어 화장실을 제때 가지 못해서 방광염까지 생기게 되었다. 사회적으로는 너무 불안하고 힘들었지만, 우리는 주문을 처리해야 하는 일로 정신이 없었다.

시간이 지나서 신종플루가 잠잠해지고 모든 상황이 끝났을 때, 몇 안 되는 직원들과 나는 거의 탈진할 정도로 지쳤다. 모든 것을 정리하고 결산을 해보니 정말 말도 안 되게 돈을 벌었다. 불과 창업 1년 9개월 만에 나에게 생각지도 않게 찾아온 기회였던 셈이다.

운은 그냥 운일 뿐, 착각하지 말자

신종플루가 종료되고 한 달 동안 번 돈이 많아지자 바로 50평짜리 사무실로 확장하게 되었다. 이전 사무실은 15평 정도에 월세 60만 원인 조그만 공간이었다. 사무실 이전과 동시에 필요한 몇 명의 직원을 더 채용하게 되었다. 자금의 여유가 생기다 보니 빠르게 확장을 했다. 확장하면서 내가 계획하지 않았던 다양한 사업적 영역으로 넓혀감에 따라 점점 외적 성장을 이루게 되었다.

그러나 몇 년이 채 지나기도 전에 나는 급하게 성장해버린 회사를 관리하는 것이 내게는 아직 너무 벅차고 힘들다는 사실을 알게 되었다. 차근차근 사업을 확장해야 했는데, 갑자기 회사가 급성장해서 덩치가 커지는 바람에 세금부터 직원관리, 상품재고관리까지 과부하가 걸린 것이다. 결과적으로 나에게 첫 번째로 찾아온 생각지도 못했던 기회는 기회가 아니라 나의 사업 마인드를 전체적으로 흔들어놓는 일이 되고 말았던 것이다.

애초 나의 사업 마인드는 위생업계에서 차근차근 경험과 실력을 쌓고 매출도 한 단계씩 올려 성장해나가는 것이었는데, 나의 계획이 아닌 시장의 이슈로 인해 의도치 않게 매출이 급성장하니 초심이나 마인드 자체가 흔들리는 것은 어쩔 수 없었다. 로또에 당첨이 된 수많은 사람들의 결과가 안 좋게 나오는 이유를 나는 조금은 알 것 같았다.

몇 년이 그렇게 정신없이 흐르고 나서, 나에게는 사업적으로 어려움을 겪는 시기가 다시 찾아왔다. 이때는 세금을 내지 못하고 연체가 되었을 정도로 자금 회전이 막혀 있었다.

이렇게 힘든 시기에 나에게 단비 같은 두 번째 운이 또 찾아왔다. 중동호흡기 증후군인 '메르스'가 발병한 것이다. 이미 신종플루를 한번 겪어보았기 때문에 메르스 사태에 폭주할 수 있는 주문에 대한 대처를 조금은 알 수 있었다. 다행히도 메르스는 짧은 기간 안에 끝났고 나는 사업적으로 힘든 시기에 위생용품 매출로 인해서 부족한 자금을 조금 해결할 수 있었다.

이렇게 두 번의 큰 이슈를 겪으면서 생각지도 않게 큰 매출이 발생한 것에 대해서 사업을 꾸준하게 하면서 목표와 계획에 의해서 생긴 성과가 아니라, 단순하게 사회적 이슈로 인해서 나에게 잠시 다가온 하나의 호재였다는 것을 알게 되었다. 하지만 나는 이렇게 발생된 매출을 단순 이슈로 인정하지 않고 사업적 기회로 생각해 더 많은 사업적 확장이 생길 거라는 착각을 했던 것이다.

지금 생각해보면 너무나 어리석었다. 하지만 누구나 이런 일을 겪게 되면 나에게 다가온 최고의 기회라고 생각한다. 사업을 하면서 찾아오는 기회와, 단순하게 찾아오는 운을 착각해서는 안 된다. 절대 내가 잘해서 발생한 매출이 아니기에 여기에 넘어가서 사업의 마인드마저 흔들리면 그 이후에는 반드시 위기가 온다는 것을 잊어서는 안 된다.

또다시 다가올 운을 준비하자

많은 것을 배우고 사업한 지 10년이 넘어갔고, 2020년 2월에 또다시 생각지도 못했던 코로나바이러스가 발생했다. 나는 이전에 두 번의 경험을 했기에 이번에는 절대 내 마음이 흔들리지 않을 거라 다짐했다.

설 연휴가 지나고 첫 출근하는 날부터 평생 한 번도 경험하지 못한 말도 안 되는 위생 관련 제품 주문이 폭주하기 시작했다. 다들 경험했듯이, 이번 코로나바이러스는 예전에 경험한 신종플루나 메르스 사태와는 비교할 수 없을 정도로 전 세계를 위험에 빠뜨리다 보니 위생용품의 주문 또한 상상을 초월할 정도로 발생되었다.

첫 출근날 오전에만 소독제 주문이 1억 원을 넘을 정도로 들어왔다. 주문 시스템이 고장이 난 게 아닌가 싶을 정도였다. 우리는 3개월 동안 미친 듯이 제품을 포장하고, 고객들에게 발송하며, 수많은 고객들과 상담했다. 다들 모두 지쳐 있었지만, 나는 내심 엄청나게 발생한 매출에 놀라면서 기뻐하고 있었다. 3개월 동안에 들어온 주문량이 거의 1년 매출과 비슷할 정도의 규모였다.

하지만 나는 직감적으로 기회와 위기를 동시에 느꼈다. 나는 다시 한번 마음을 다스리고, 이것은 하늘이 나에게 준 보너스라고만 생각했다. 더 이상 큰 의미를 부여하고 싶지 않았다. 이 시기에 우리 회사는 40년 된 건물 2층을 임대로 사용하고 있었고 사무실에 내 자리가 없을 정도로 사실 비좁은 상태였다. 그래서 당시 우리는 사무실 이전과 물류창고 확장을 생각하고 있었는데, 운이 좋게 이때 생긴 보너스 덕분에 남의 건물로 확장해서 임대한 것이 아닌, 처음으로 우리 회사 명의의 건물을 사게 되었다. 그리고 분명 이렇게 발생된 매출은 일시적일 거라는 걸 알고 있었기 때문에 예전처럼 들뜨지 않고 차분한 마음을 갖고 다시 원래 했던 사업 방향을 유지해 나가려고 노력하고 있다.

이처럼 몇 차례의 기회와 위기를 통해, 나는 왜 기회와 위기가 동시에 오는지를 조금 깨달았다. 나에게 주어진 3개월간의 폭발적 매출 기회가 다른 한편으로는 우리 회사가 계획한 목표와 진행하는 프로젝트를 빼앗아 가는 시간이 되기도 하기 때문이다. 분명 얻는 것이 있으면 잃는 것도 있음을 명심해야 한다. 눈으로 보이는 돈은 얻을 수 있지만, 눈에 보이지 않는 더 소중한 것들도 잃을 수 있다는 것을 알아야 한다. 의도치 않게 다른 방향으로 갔던 길로부터 걸음을 돌려 다시 본래의 길로 되돌아가는 데에는 생각보다 많은 시간과 노력이 필요하다.

위기와 기회의 순간을 정확히 포착하고 파트너와 상생할 전략을 짜라

조만간 무슨 일이 벌어지겠다는 예감이 들었다

우리 회사는 공공기관 등을 관리하고 납품을 많이 하는 편이다 보니 항상 10~12월이 가장 바쁘다. 이때는 1년을 마무리 짓는 달로, 마지막 주문이 집중되다 보니 납품, 서류 등 모든 것이 정신없이 지나가는 마지막 달이다.

2019년, 그해도 여느 때와 다름없이 열심히 마무리를 하면서 한 해를 보내는 중이었다. 그런데 2019년 12월에 중국에서 새로운 바이러스가 나왔고, 확산 중이라는 뉴스가 연일 보도되었다. 나는 본능적으로 제2의 신종플루 사태가 터지는 게 아닌가 내심 걱정하고 있었다. 한 달쯤 지난 1월 중순쯤 되었을 때에는, 바이러스가 해외로 확산되고 있다는 얘기가 조심스럽게 흘러나왔다.

나는 우리와 같은 위생 관련 사업을 하고 있는 사장님들과 소통을 하면서 현재 상황이 어떤지에 대한 모니터링을 계속하고 있었다. 구정 명절이 돌아올 때까지도 우리나라는 큰 문제 없이 심각하지 않은 상황이었는데, 명절 마지막 날쯤에 확진자가 나왔다는 뉴스가 나왔다. 그러나 당시까지만 해도 나는 코로나 바이러스가 예전에 겪었던 신종플루만큼 큰 이슈로 터지리라고 예상하지는 않았다. 새로운 바이러스라고 하나 아직 그에 대한 정보가 부실했고, 중국에서 발생했다고 하니 거리상으로도 체감이 안 되었던 것이다.

그러나 시간이 갈수록 바이러스는 점점 심각한 양상을 띠어갔다. 뉴스에서 확진자 소식이 나오면서 점점 불안해지기 시작했고, 나는 이게 심각해질 수도 있겠다는 생각을 처음으로 하게 되었다. 혹시나 해서 구정 명절 저녁에 사이트 주문을 체크해 보니 소독제 주문이 폭발적으로 늘어나고 있었다. 조만간 무슨 일이 벌어지겠다는 예감이 들었다.

재고 확보가 되지 않았다

다음날 출근하자마자 역시나 회사에는 난리가 났다. 앞의 '사업을 하면서 예기치 않게 나타나는 운을 조심하라'에서도 말했듯, 전날 하루 동안에 들어온 소독제 주문량이 1억 원이 훨씬 넘었다. 나도 신종플루 때 겪은 상황보다 훨씬 더 놀라고 있는데, 이런 경험을 처음 하는 직원들은 무척 당황하면서 이 주문을 어떻게 처리해야 되는지 다들 우왕좌왕하고 있었다.

나는 직감적으로 예전에 내가 겪었던 신종플루보다 엄청나게 심각하다는 걸 알 수 있었다. 곧바로 우리가 거래하고 있는 소독제 제조기업에 전화를 걸어 소독제 재고 상황 파악을 시작했다. 당연히 제조회사에서도 엄청난 문의 전화와 주문 전화가 폭주하고 있는 상태였다. 나는 제조기업들이 현재 보유하고 있는 재고를 내가 모두 확보를 해야 할까 말까 고민한 끝에 일단 5천 개를 빨리 매입해야 된다는 결정을 내리고 한 시간 후에 제조기업에 전화를 했다. 그런데 제조기업 대표님께서 한 시간 만에 모두 재고가 동났다고 했다. 우리는 현재 우리가 거래하고 있는 모든 제조기업에 전화를 해서 재고를 확보하는 데 에너지를 전부 쏟았다.

점점 시간이 흘러가면 갈수록 소독제, 마스크, 위생제품들의 주문량은 더 폭증하고 있었다. 나는 이 주문량 중에 반 이상은 취소될 거라는 걸 당연히 알고 있었다. 하지만 앞으로 꾸준히 들어오는 주문량을 준비하기 위해서 어떠한 방법으로라도 재고를 확보하는 일이 가장 시급했다. 시간이 지날수록 우리의 모든 업무는 고객들의 주문 상황을 체크해서 납품 일정을 안내하고, 주문순서에 따라 발송 일정을 조율해서 상품을 빨리 공급하는 것이 급선무였다. 이 시기에 다른 업무는 솔직히 거의 마비가 된 상태였다.

이런 상황에서 우리가 판매하고 있던 유통채널을 최소한으로 축소하고 일반 도매공급 또한 모두 중단을 했다. 공공기관, 어린이집, 유치원, 학원, 일반가정집 등 수많은 곳에서 들어오는 주문을 해결할 수가 없었기 때문이다. 이 시기에서 가장 중요한 것은 누가 얼마나 재고를 안정적으로 공급받을 수 있느냐였고, 이는 곧 기회를 잡느냐 못잡느냐의 싸움이었다. 우리는 고객들에게 공급할 수 있는 물량의 한계로 인해 모든 판매 채널에서 상품을 내려야 되는 상황까지 올 정도였다.

파트너와 늘 상생할 전략을 꾀하라

이 시기에는 솔직히 일반 고객들뿐만 아니라 제품을 공급해달라는 수많은 유통기업들한테도 전화 문의가 폭주하고 있는 상태였다. 하지만 우리에게 주문한 고객 일정을 맞추기도 어렵기 때문에 당연히 일반 도매 거래는 할 수가 없었다. 한 달이 지나고 또다시 대구에서 코로나19 확산 뉴스가 터지자마자 전국에서 다시 한번 태풍이 오는 것처럼 주문이 폭발하기 시작했다.

살균소독제 제조기업, 용기제작업체 등 물밀듯이 들어오는 주문을 받아 파트너들에게 공급 물량을 배정하는 것도 엄청 곤욕이었다. 모든 회사들이 서로 제품을 달라고 아우성이었다. 정말 전쟁터였다. 전화는 몇백 통씩 걸려오고, 제품을 달라고 아우성이지만, 결국 제조기업과 유통기업 간의 기존 파트너십과 대리점 계약이 돼 있는 회사에 우선적으로 공급할 수밖에 없는 것이다.

나도 소비자에게만 물건을 판매했을 경우 상품 이익이 많이 남는다는 것을 알지만, 그래도 나와 파트너십을 맺고 거래를 하고 있는 사장님들을 외면할 수 없기에 상품들을 적절하게 공급해줘야 한다는 사명감을 갖고 있었다. 이 기회를 이용해서 나 혼자 많은 이익을 남기는 것보다 파트너와 함께 상생해서 성장하는 기회를 나눠야 된다고 생각했다.

가장 힘들었던 점은 상품을 공급만 해주면 모든 것이 매출로 들어오던 시기이다 보니 공평하게 공급을 해줘야 된다는 커다란 압박감이었다. 공평무사하게 하지 않으면 안 된다는 부담감에 마음이 더 힘들었다. 우리 파트너 사장님께서는 기존 거래 금액이 연간 2천만 원대 정도의 규모였지만, 당시 시기에는 3억 원이 넘을 정도로 대박을 쳤다. 파트너 사장님도 좋은 기회를 잘 잡은 것이었다. 만약에 내가 이 시기에 제조기업과의 관계가 없었다고 하면 절대 이런 매출을 올릴 수가 없고 기회를 놓쳐버렸을 것이다.

사업을 하다 보면 갑과 을이 존재하기 마련이다. 대부분은 상품을 유통할 수 있는 플랫폼을 가지고 있는 기업이 갑인 경우가 많다. 하지만 이런 특수 상황에서는 제품을 공급하는 제조기업이 갑의 입장이 될 수가 있다. 나는 거래처와의 진정한 파트너십은 서로의 회사를 알려고 노력하는 마음가짐이라고 생각한다. 이런 기회가 되는 상황이 왔을 때 함께 파트너로 성장하는 회사는 거래 기간, 거래량이 중요한 게 아니다. 친한 친구처럼 관계를 맺고 함께한 회사들이 잘될 수밖에 없다. 나는 그동안 함께 거래를 해온 제조기업 담당자들의 도움으로 많은 판매를 올릴 수 있었던 것이다.

기회를 차버리는 사업가

나는 제품을 구하기 어려운 이런 상황에서도 나와 파트너십을 맺은 몇몇 사장님들에게 어떻게든 제품 공급을 위해 재고를 확보해서 제공해드리려고 했다. 그런데 몇몇 사장님들은 이런 내 제의를 꺼리며 거절했다. 위생, 소독제품이 불티나게 팔리는 마당에 누구는 물건 달라고 돈부터 입금하기도 하는데, 편하게 제품을 제공받는 조건을 마다하는 것이다. 그 사장님들이 꺼리는 이유는 한결같았다. '혹시 제품이 안 팔리면 어떡할까?', '재고가 쌓이면 어떡할까?' 하는 고민을 하며 소극적인 태도를 보이는 것이다.

나는 그 사장님들을 보면서, 이분들은 밥을 떠 먹여줘도 불안해서 먹지 않는 사람이라는 결론을 내렸다. 이런 사장님들의 공통 특징을 보면 사업경력은 5~6년이 되었어도 이런 상황에 맞는 전략과 사업적 마인드가 부족하기 때문에 기회를 놓쳐버린다는 것이다. 규모가 나름 꽤 큰 회사의 유통 담당자에게도 이런 상황에는 누구보다 공격적으로 매입해서 판매해야 한다고 제안했지만, 그 역시 한 번도 겪어보지 못한 상황에 재고가 쌓이면 어떡할까를 먼저 고민하고 결정을 미루었다. 이렇게 기회를 놓치는 담당자를 보면서 조금은 한심하다는 생각도 했다. 우리 회사보다 50배 이상 큰 유통망을 가지고 있는 담당자가 이런 결정을 한다는 것 자체가 너무 어이가 없었다.

기회를 잡는 사업가는 시장을 보는 안목을 키우고 발 빠른 결정을 내려야 한다. 이를 위해서 시야를 넓히고 주도적으로 행동해야 자기 눈앞에 오는 기회를 잡을 수 있다. 사업가의 자질이 여기에서 결정된다.

사업의 최종 마무리는 리스크 관리

코로나19로 인한 매출 폭증 기간에 제품 물량을 확보하고 거래처에 꾸준히 공급하면서, 나는 이런 주문 폭주가 절대 오래가지 않고 어느 순간 끊긴다는 걸 알고 철저하게 리스크 및 재고관리를 하였다. 이전 두어 차례의 경험이 큰 도움이 되었다.

하지만 이런 경험이 없는 사람들은 지금이 다시 못 올 기회라는 생각에 앞뒤 안 가리고 너도 나도 시장에 뒤늦게 뛰어들었다. 그들은 자본을 투자하고 제품을 만들어서 야심차게 위생, 소독제품 시장을 공략했다. 그러나 무리한 사업 확장과 경쟁업체의 난립으로 부도난 회사가 엄청나게 많이 생겨났다. 특히 마스크에 뛰어든 업체는 80% 이상이 폐업을 하기도 했다.

내가 위험요소 없이 잘 해결해나갈 수 있었던 것은 우리 회사와 거래하고 있는 제조기업과의 신뢰를 통한 업무 협업, 경험 공유 등이 있었기 때문이다. 이것이 바로 거래처, 사업 파트너와 늘 상생할 전략을 꾀하고 그들과 사업을 같이 추진해야 할 이유이다.

새로운 유통채널을 조사하고 제조기업을 직접 발굴하라

유통채널 시장조사부터 하라

온라인 사업(인터넷 창업)을 시작하려면 가장 먼저 사업자등록증을 신청하고 홈페이지 개설 및 인터넷 판매를 위해서 '통신판매업' 신고를 한다. 창업 초보자들은 대부분 제조업보다는 일반소매 유통부터 시작하는 경우가 많다.

사업자를 내고 난 뒤에는 인터넷 판매를 위해 온라인 강의를 듣거나 유튜브를 통해서 많은 정보를 흡수한다. 그리고 접근성이 가장 좋은 스마트스토어, 오픈마켓, 쿠팡 등을 통해서 판매를 시작하려는 계획을 세운다. 대부분 이런 방법으로 쉽게 시작을 할 수 있는 것이 인터넷 창업이다.

하지만 나는 초보 유통사업자라면 유튜브 등에서 알려주는 '스마트 스토어에서 쉽게 판매하는 방법' 등에 대한 강의 영상을 따라 하기보다는, 우리가 알지 못하는 수많은 인터넷 유통 채널부터 조사해야 한다고 생각한다. 판매하는 기법을 배우는 것보다 다양한 유통채널이 추구하는 방향과 특징을 알아내는 시장조사가 더 우선이다.

시장 조사를 충분히 하고 나와 성격이 맞거나 내가 판매하고자 하는 아이템과 성격이 맞는 유통채널을 찾아내는 것도 중요한 일이다. 그래야만 인터넷 유통채널 시스템을 이해해서 철저한 계획과 목표를 디테일하게 잡을 수 있다. 이런 시장 조사를 충분히 하지 않고 사업을 시작할 경우에는 누구나 알고 있는 스마트 스토어 채널을 통해서만 판매하고 경쟁을 할 수밖에 없으므로 그만큼 경쟁상대도 많고 또 리스크도 크다. 유통채널을 직접 조사하는 일은 이 같은 위험 요소를 사전에 줄여준다.

시장조사를 하면 얻는 부수적인 장점도 있다. 생각지도 못했던 기업들의 유통채널을 알게 되고, 그곳에서 새로운 기회를 찾을 수 있는 영감도 얻을 것이다. 이를테면 누구나 다 아는 쿠팡, G마켓, 11번가 등 말고도 숨어 있는 보석 같은 기업전용 유통채널들이 눈에 띄는 것이다. 그런 보석을 발견하게 되면 누구나 다 아는 대형 오픈마켓(유통채널)에 물건을 올릴 때보다 매출이 훨씬 높아질 수 있다. 남들이 발견하지 못한 시장을 발견함으로써 자사의 이득으로 곧바로 연결될 수 있기 때문이다.

예를 들어, 어린이집에서 많이 사용하는 제품들의 경우 누구나 아는 오픈마켓보다 원장님이나 선생님들이 주로 애용하는 유통채널이 있을 것이다. 그곳을 시장조사해서 공략하는 것이다.

이렇게 방대한 시장조사를 하면 스마트 스토어 등에서 판매를 하면서 경쟁하는 것보다 기업전용 쇼핑몰에 내 상품을 제안하고 입점하는 일이 더 좋은 기회가 될 수도 있다. 기업이 운영하는 전용 쇼핑몰은 담당 MD가 모든 상품을 소싱하는 데에 한계가 있다. 그렇기에 부족한 제품들을 내가 직접 찾아서 MD에게 제공하는 일이 오히려 더 효과적일 수 있다.

위탁판매 유통을 활용하는 방법

우리가 사업을 시작할 때 결정하는 또 한가지는 어떤 상품을 팔지에 대한 것이다. 즉, 판매할 상품을 결정하고 유통사업을 시작한다. 그런데 여기서 가장 중요한 것은, 상품을 어디서 공급받느냐다.

앞에서도 강조했듯 대부분의 온라인 판매자들은 일반적인 도매사이트에서 제공하는 상품을 위탁 판매한다. 아무래도 소자본으로 창업을 하다 보니 제품을 직접 매입해서 판매하기보다 편리한 도매사이트를 활용하는 것이다. 그러나 나는 도매사이트를 활용한 위탁판매 방식에 조금 부정적이다.

나는 10여 년 동안 B2B 도매사이트를 운영하고 있다. 지금도 우리 회사가 운영하는 도매사이트를 통해서 인터넷 판매를 하고 있는 사업자분들이 많다. 지난 10여 년 동안 나는 위탁판매하는 사장님들을 지켜보고 얘기를 나누면서 많은 것을 느낄 수 있었다. 그중에 가장 뼈아픈 사실은, 위탁판매로 시작한 사장님들 중 많은 수가 3년이 넘은 시점에서도 오로지 도매사이트를 통한 위탁판매만으로 상품을 판매하고 있다는 점이다. 이 부분이 더욱 안타까운 이유는, 그런 사장님들의 회사 가운데 성장하고 발전하는 회사를 본 적이 거의 없기 때문이다.

도매사이트는 사업자만 있으면 누구나 쉽게 상품을 공급받을 수 있고, 또 그런 만큼 수많은 경쟁업체가 있다. 그런 경쟁 속에 마진도 없는 사업을 펼쳐 나가다 보니 사업적 마인드를 확장시키기보다는 늘 상품을 파는 데만 급급해진다. 시간이 지나도 회사가 성장하는 것이 아니고, 이런 위탁판매 시스템의 노예가 되어가는 사장님들을 보면 안타깝다.

사업 초기에는 상품을 매입하기가 어렵다 보니 간단하게 B2B 도매사이트를 통한 위탁판매를 해도 상관이 없다. 그러나 어디까지나 이런 위탁판매는 나의 주력 상품개발, 브랜드 개발을 위한 초기 판매 경험으로만 활용해야 된다. 일반적인 유통구조인 '제조 →

총판 → 도매 → 소매' 방식의 시스템으로 판매하는 것은 온라인 유통채널에서는 의미가 없다. 그렇다 보니 스마트 스토어에 판매하고 있는 제품보다 도매사이트가 비싼 경우가 흔히 있다. 이것은 정상적인 도매로 공급하는 시스템이 아닌 것이다. 누구나 도매사이트에 제품을 정식 총판, 도매를 통해서 상품 등록하지는 않는다는 것이다.

도매 사이트를 활용해서 위탁판매를 꼭 해야 한다면 내가 거래하기 힘든 유통구조 방식의 아이템일 경우에만 아웃소싱 개념으로 활용하는 것을 추천한다. 위탁판매를 약 1년 정도 해보면 인터넷 유통 시스템의 흐름을 충분히 이해할 수 있다. 이 시기가 되었을 때 내가 생각하는 나만의 제품을 구축하고 판매전략을 통해서 사업적 확장을 해야만 한다.

거래처 개발은 필수다

사업의 경험이 쌓여가면서 사업적 확장을 하기 위해선 거래처 발굴이 필수다. 하지만 많은 창업자들의 경우 이것을 가장 많이 어려워한다. 사업을 하면서 거래처를 발굴한다는 것은 내가 하고 있는 사업을 알리고 배우는 과정이다. 그런데 위탁판매를 오랫동안 하시는 분들은 거래처 발굴이라는 것을 아예 생각조차 하지 않는 경우가 꽤 많다. 내가 판매하고자 하는 제품을 제조하는 기업과 만

나서 제품 개발 동기, 판매 전략, 시장성 등 다양한 것을 알아야만 내가 성장하고 사업이 확장할 수 있다.

하지만 대부분의 초기 창업자들은 단순 판매에만 전념하지 제조기업과 상생할 수 있는 파트너십을 맺을 생각을 하지 않는다. 하루에 한 군데 제조기업과 통화를 하고 거래처를 만들려고 노력하다 보면 분명 그중에서 나와 호흡이 맞는 회사를 발견할 것이다. 이런 파트너 회사들이 늘어날수록 강력한 힘이 생길 것이다.

많은 제조 거래처를 발굴하는 과정 속에 다양한 타깃 시장을 알게 되고 어디에서도 배울 수 없는 정보를 얻을 것이다.

이렇게 거래처 발굴이 중요하지만 제조기업에게 나의 회사를 제안하는 것이 어려운 이유는 우리 회사는 작고 아직 보여줄 비전이 없다고 생각하기 때문이다. 하지만 내가 수없이 많은 기업들과 제휴를 맺고 파트너로 일하면서 느낀 것은, 그들 역시 많이 부족하다는 것이다. 제조기업들은 유통망 확장, 거래처 발굴에 익숙하지 않다 보니 우리가 적극적으로 제조기업에 다가가는 것을 그들도 원하고 있다는 것을 알아야 한다.

많은 제조기업들과 좋은 협력 관계가 왜 필요한지는 수요가 폭발하고 공급이 부족할 경우 가장 가까이 있는 파트너를 챙겨주기 마련임을 생각하면 쉽게 이해가 될 것이다. 나는 코로나19 초기 때 돈독한 관계를 맺어 온 제조기업으로부터 수월하게 제품을 공급받아서 판매를 잘했던 경험을 가지고 있다. 나는 비록 직원이 없고 이제 시작한 회사이지만, 제조기업도 나처럼 똑같은 과정을 겪으면서 성장한 기업이다. 처음 시작하는 제조기업 대표님들 역시 유통업체에 찾아가 제품을 홍보하면서 시작한다. 이런 과정을 통해서 점차 당당하고 멋진 기업으로 성장하는 것이다.

사업은 함께 거래하는 파트너가 있기에 성장할 수 있다. 그 점만 명심한다면 성공하는 비즈니스 대표는 누구나 될 수 있다.

오너 리스크에 유의하라

창업 후 빠른 성장을 조심하라

창업을 하고 초기에 급속히 성장하는 양상은 크게 두 가지로 나누어볼 수 있다.

첫 번째는 내가 생각하는 사업 방향을 차근차근 기획하고 타깃 시장을 조사하며, 하나씩 준비해 나가면서 결과물을 얻어가는 방법으로, 이때의 사업 성과는 순차적으로 확장된다. 이런 성장 과정은 사실 어떻게 보면 가장 기본적이면서 당연한 것이다. 대부분의 사람들이 창업할 때 몇 년의 시간을 준비해서 실행하지는 않는다. 너무 오랜 시간 동안에 창업 준비를 할 경우에 준비는 잘했지만 실행하는 타이밍이 맞지 않을 경우가 있기 때문이다. 게다가 인터넷 시대에는 오랫동안 창업을 준비하는 데 시간을 쏟기보다는 빠른 실행력이 훨씬 중요하다.

요즘은 트렌드가 너무나 빠르게 변하기 때문에 시대의 흐름을 내가 따라가지 못한 채 지속적으로 준비 시간만 갖는 것은 옳지 않다. 따라서 시대의 흐름에 맞춰서 창업을 배워가면서 내 회사가 성장하는 것이 가장 올바른 길일 수 있다.

하지만 이와 반대로 창업과 동시에 내가 생각지도 못했던 방향에서 급격하게 매출이 상승하는 경우도 있다. 나는 이런 경우가 가장 위험하다고 생각한다. 이유는 내가 준비해서 만들어진 계획과 다르게 어떤 특수한 시장의 상황이 내 사업을 시장의 욕구로 끌어들여서 내 의지와 다르게 사업이 특수한 시장으로 편입되어 성장하기 때문이다. 이런 경우에는 특수한 시장의 수요를 맞추기 위해서 내 회사가 성장을 한 것이지, 내가 특수한 시장을 만들어 리드한 것이 아니다. 그래서 이런 경우에는 수요가 점점 줄어들고 원상복귀되는 시점에서 다시 내 사업을 최적화시키고 원래 계획한 대로 끌고 나가기가 쉽지 않다. 갑작스럽게 발생한 매출을 마치 내가 너무나 잘해서 성장한 것으로 착각하기 때문에 대표자의 마인드가 여기서부터 확 바뀌게 된다. 천천히 준비하는 자세의 마음가짐이 갑작스럽게 확장하는 방향으로 바뀌다 보니 스스로 생각했던 사업의 근본을 놓치기가 아주 쉽다.

이런 경우가 사업을 운영하는 대표의 착각을 불러일으키는 가장 위험한 요소라고 생각한다. 이때는 대표의 작은 판단 미스 하나가 사업에 큰 영향을 미쳐서 일을 그르치는 경우도 많다. 대기업의 대표조차도 이런 리스크에서 자유롭지 못하다. 그러니 소기업들은 당연히 더 위험할 수밖에 없다. 소기업은 모든 결정을 사장이 하기 때문에 사장의 생각에 옳고 그름을 판단해줄 수 있는 참모진이 없기 때문이다. 그래서 소기업은 매출이 발생하는 상황을 주의 깊게 들여다 보고, 내가 계획한 사업의 매출과 연관이 있는지를 꼭 체크해야 한다.

힘이 잔뜩 들어간 어깨의 뽕을 제거하라

요즘은 30대에 창업하는 사람이 너무나 많다. 시장 상황이 여의치 않다 보니 회사에서 이른 나이에 퇴사한 사람이 많은 데다가, 마땅한 직장을 구하기 어려운 이들이 많아지기 때문이다. 그러나 30대는 창업하기에 매우 이른 나이이다. 30대의 창업자는, 스스로 본인이 정말 아무것도 모르는 어린아이와 같다는 점을 반드시 명심해야 한다. 처음 시작하는 창업이기에 당연히 내가 가지고 있는 노하우보다는 배워야 할 것들이 너무나 많다. 그렇기에 사업을 계속적으로 확장해 나가려면 끊임없는 공부와 배움이 있어야 된다.

사업은 갑작스럽게 돈을 많이 번다고 성공하는 것이 아니다. 사업 경력이 오래된 선배들에게 물어보면 10년을 버틸 수 있는 힘이 있어야 된다고 말하곤 한다. 그만큼 오르막 내리막이 언제든지 올 수 있기 때문에 그런 과정을 버티면서 꾸준하게 갈 수 있는 것이 사업의 핵심이다.

하지만 30대에 조금 성공의 맛을 본 사람들은 '자기 과시'를 하려는 성향이 너무나 많다. 사실 이것은 너무나 자연스러운 현상이다. 나 또한 30대에 했던 행동들이다. 주변에 친구와 지인들은 거의 다 직장을 다니고 있는 평범한 샐러리맨들일 것이다. 하지만 30대 창업을 통해서 그들보다 조금 더 나은 사업적 성장과 사장이라는 타이틀로 인해서 어깨에 자만심이라는 큰 뽕이 생기게 된다. 그러니 30대 사장들이야말로 어깨 뽕을 조심해야 한다.

나는 이 얘기를 젊은 창업자분들에게 항상 강조한다. 지금의 작은 성공적인 모습의 결과가 앞으로 계속되지 않을 것임을 알고 있기 때문이다. 그렇기에 지금 남들에게 비치는 모습을 자기 과시의 방향이 아니라 겸손한 모습으로 보여주려고 노력하는 것이 필요하다. 그리고 그런 태도가 바로 프로의 자세일 것이다.

보여주기식 자만심을 버리자

선배 사업가들은 자만감이 가득 차 있는 초기 사장의 모습을 충분히 눈치챌 수 있다. 그런 모습을 가지고 있는 사람에겐 절대 조언이나 도움을 주고 싶은 마음이 안 생길 것이다. 회사가 성장하고 있지만 겸손함을 잃지 않고 배우려고 다가가는 사장이야말로 진정한 프로다. 나는 이런 부분을 배워보지 못했기 때문에 우리 후배 사업가에게는 이런 점을 꼭 조언해주고 싶다. 나 역시 나의 30대를 돌이켜보면 조금은 창피하고 다시 생각하고 싶지 않은 모습이 많다. 그래서 더욱더 강조하고 싶은지도 모른다.

이런 보여주기식 자만심은 대부분 수입자동차와 골프를 배우면서 본격적으로 드러나기 시작한다. 지금 당장은 수입자동차를 구매해서 월 리스비를 지불할 수 있는 능력이 충분하겠지만, 절대 그러지 않았으면 좋겠다. 상황이 어떻게 바뀔지 알 수 없는 게 사업 초기이기 때문이다. 게다가 주변 환경의 갑작스러운 변화가 이뤄지면 상대방도 거부감을 느끼게 된다.

가장 비참한 것은 주변 사람들은 전부 갑작스럽게 바뀐 본인의 변화에 거부감을 느끼고 있는데 본인만 모른다는 것이다. 특히 주변 사장님들이 골프를 왜 안 치냐고 하면서 골프를 많이 권유하게 될 텐데, 이때 역시 중심을 잘 잡아야 한다. 내가 만약 샐러리맨이었다면 분명 샐러리맨에 맞는 수준에서 골프를 배울 것이고, 그 수준에서 소비를 할 것이다. 주변에 골프를 친다고 으스대지도 않을 것이다. 하지만 사업을 하는 사장의 위치에서 시작하면 타이틀 때문에 주변 사장들이 하는 모습을 그대로 따라 하고, 비싼 옷을 입으며, 겉으로 보여주기식 골프를 배우게 된다.

이런 방법으로 배운 골프는 절대적으로 내 사업에 도움이 되지 않는다. 한 달에 한 번 라운딩을 하고, 퇴근 후에 운동 삼아 하면서 천천히 배워가는 골프는 추천하지만, 주변 사업가들의 권유와 분위기에 휩쓸려 배우는 골프는 절대로 따라 하면 안 된다.

남의 떡이 커 보이는 것에 주의하라

사업을 하면서 2년, 3년이 지나다 보면 어느 정도 보는 눈이 생기게 된다. 그동안 사업적 경험이 쌓이면서 내 사업의 방법을 깨닫기 시작하는 시기도 이 즈음이다. 그러면서 주변 사람들과 인맥을 만들어가는 와중에 다양한 정보를 얻게 된다. 그런데 이때 사업 쪽으로 필요한 정보를 얻기도 하지만, 내 사업과 연관되지 않은 이야기도 많이 듣게 된다.

사업을 하는 사람들끼리 나누는 대화는 어쩌면 순수한 대화가 아닐 수도 있다. 사업가가 하는 말에는 자기 사업을 상대방에게 어필하고, 자기 사업에 도움이 될 수 있는 다양한 것을 활용하고 이용하기 위한 내막이 깔려 있기 때문이다. 그렇다 보니 자기 사업의 장점을 지나치게 부각하고 비전을 제시하기 위해 과장된 노력을 하는 게 사업가들의 기본적인 행동이 된다. 이때 자기 중심을 잡고 있지 않으면 그들의 의도에 자연스럽게 넘어갈 수 있다. 대화를 하면 할수록 내 사업보다 상대의 사업이 훨씬 더 가치 있어 보이고 비전이 있어 보이다 보니 생각지도 않고 남의 사업에 뛰어드는 경우가 많다. 이런 경우가 사업을 하면서 중도에 실패를 맛보는 지름길이라는 것을 알아야 한다.

상대방의 이야기를 자세히 들여다보면 외형적으로는 커 보일지 몰라도 내실이 부실하거나 무언가 안 좋은 점들이 많이 있다는 것을 알아야 한다. 자기 사업을 멋지게 포장하고 홍보하려고 하는 사람은 지금 당장 자기 사업에서 급한 무언가가 있다는 신호임을 알아차려야 한다. 그렇기 때문에 이런 것에 현혹되지 말고 내가 하는 사업도 훌륭하다는 것을 명심해야 한다. 남의 떡은 이상하게도 항상 커 보이지만, 내 떡도 남이 볼 때는 커 보인다는 것을 꼭 알았으면 한다.

이익금을 계속 모아라

초기 창업자들은 거의 현금 없이 창업을 시작한다. 창업하고 나서 매출이 부진하더라도 1~2년을 유지해나갈 수 있는 여윳돈을 가지고 있는 사람은 거의 없다. 따라서 초기에 열심히 사업을 통해서 이익이 발생되면 반드시 회사의 운영 경비로 저축해야 한다. 사업비는 창업 초기보다 시간이 지날수록 늘어나기 때문이다. 직원이 늘어나고, 사용하지 않던 유료 서비스를 이용하게 되기도 하며, 보안서비스를 추가로 해야 하는 경우도 생긴다. 보험 가입도 늘어날 수 있고, 필요한 프로그램을 라이센스가 있는 정품으로 구매하거나 정기적으로 결제해야 하는 등, 한 달 유지 비용은 어김없이 늘어나기만 한다.

하지만 사업 초기에는 이런 것을 알 수가 없다. 그렇기 때문에 이익이 나면 꾸준하게 돈을 모아야 한다. 분명 어느 순간 생각지도 않게 큰돈이 빠져나가는 일이 발생한다. 꼭 그때를 대비해야 한다. 소자본으로 창업한 사람들은 그런 시기가 닥쳤을 때 막상 현금이 없다 보니 주변을 통해서 돈을 빌리는 경우가 많다. 이런 경우가 자꾸 생기면 사업의 흐름이 깨지게 된다. 영업하고 고객을 만나야 할 시간에 돈을 빌리는 생각이 많아지다 보면 절대 사업에 집중할 수 없다. 작은 회사는 장독에 구멍이 조금만 커져도 메울 수 있는 능력이 부족하기 때문에 꼭 여윳돈을 미리 준비해야 한다.

북큐레이션 • 당신의 비즈니스를 새롭게 바꿀 라온북 추천 실용도서

《살아남는 비법을 알려주는 임사부 창업 노트》와 읽으면 좋은 책. '성장하는 경영, 위기에 강한 경영'에 힘이 되어 주는 라온북의 도서를 소개합니다.

판을 바꾸는
질문 경영 챌린지

300% 질문 경영

박병무 지음 | 13,500원

생존을 위해 300% 성장하는 경영의
핵심 노하우가 실린 실전 지침서

이 책은 핵심을 꿰뚫는 리더의 질문은 능동적이고 생산적인 회의 분위기를 만들고 리더의 경청과 인내는 기업 문화를 바꾸어 마침내 경영 프로세스의 체질까지 바꾸는 혁신으로 이어질 것임을 보여준다. 그리고 그 솔루션인 질문 경영 전략을 제시하고 있다. 괄목할 만한 기업 생산성과 효율성의 향상을 꾀한다면 대기업, 중소기업을 막론하고 조직혁신의 지름길인 질문 경영 프로세스로의 리셋 작업을 서둘러야 한다는 것을 이 책에서 질문 경영 성과 사례들을 통해 피부로 느낄 수 있을 것이다.

혁신을 가져오는
'3P' 영업 비법

300% 강한 영업

황창환 지음 | 14,000원

내 기업의 강점은 살리고 매출을 올리고 싶은가?
강한 기업을 만드는 강한 경영자가 되는 비밀을 담았다!

3년 적자 기업을 신규 고객 창출로 흑자 전환한 경험, 2년 만에 40개가 넘는 신규 지점을 개설한 경험, 폐점 직전이었던 매장의 영업 실적을 50% 이상 증대시킨 경험, 정체되어 있어 있던 매출을 두 자릿수로 성장시킨 경험 등 저자의 실제 영업 성공 사례와 생생한 노하우를 한 권에 담아냈다! 언제 어디서나 기업에 혁신을 일으킬 수 있는 영업 비법을 손에 쥐고 싶은가? 시대와 시장의 흐름에 영향받지 않는 지속적인 매출과 경영 성과를 얻고 싶은가? 그렇다면 지금 당장 강한 기업이 되기 위한 첫 번째 관문, 바로 '강한 영업'을 시작하라.